［唐］阎立本《步辇图》

[北宋]郭忠恕《临王维辋川图》

《辋川图》是唐代王维所作壁画,原作无存。图中描绘了辋川二十景如孟城坳、华子冈、文杏馆、鹿柴等,"山谷郁盘,云飞水动,意出尘外,怪生笔端"。王维"诗中有画,画中有诗"的意境,影响了宋朝的文人画。

［唐］张萱《虢国夫人游春图》（宋摹本）

此图描绘的是唐代天宝年间，贵妃杨玉环的三姊虢国夫人及眷从盛装出游的场景。

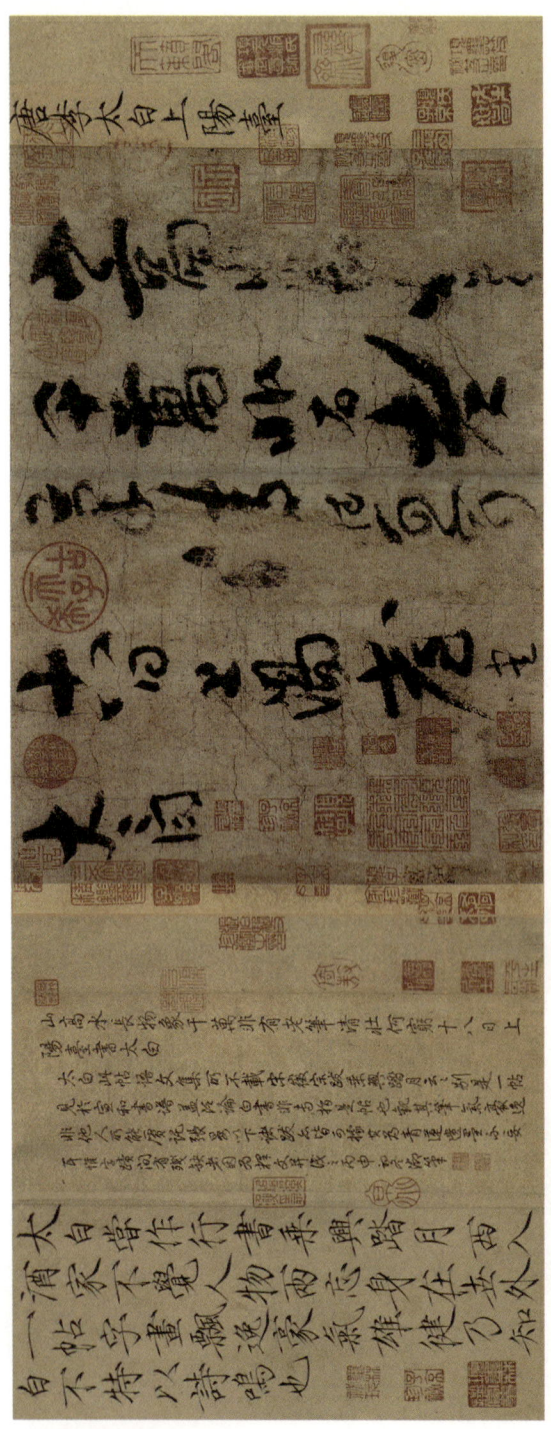

—— [唐]李白《上阳台帖》 ——

唐代李白所书的自咏之诗,也是其唯一的传世书法真迹,宋徽宗赵佶跋语评价道:"字画飘逸,豪气雄健,乃知白不特以诗鸣也。"现收藏于北京故宫博物院。

[唐]颜真卿《祭侄文稿》

唐代书法家颜真卿所作,又称《祭侄季明文稿》,被誉为"天下第二行书"。现收藏于台北"故宫博物院"。

[唐] 杜牧《张好好诗并序》

唐代诗人杜牧所作，内容是杜牧自撰五言古诗，讲述了一位能歌善舞、才华卓越的青楼女子张好好的故事，是一卷"感旧伤怀"的长歌。书法"深得六朝人风韵"，为杜牧唯一传世真迹，现收藏于北京故宫博物院。

——[北宋]宋徽宗赵佶《瑞鹤图》——

描绘了鹤群飞鸣盘桓于汴京宣德门上空,绘画技法精妙,群鹤姿态各异,庄严肃穆中透出神秘吉祥的氛围。现藏于辽宁省博物馆。

[北宋] 苏轼《寒食帖》

苏轼诗、书、画造诣皆一流,书法为"宋四家"之首。该帖为苏轼在黄州贬谪期间所作,被誉为"天下第三行书",现藏于台北"故宫博物院"。

鲜衣怒马少年时

唐宋诗人的诗酒江湖

少年怒马 著

目录 Contents

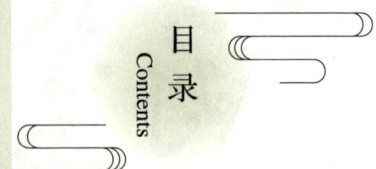

- 001　自序　为什么会有这本书？

- 001　戏精杨广：会作诗，更会作死
  历史给过杨广一个成为伟大帝王的机会，可惜，他却用来挥霍。

- 023　骆宾王：怎样精彩地骂人
  不管怎样，他都没在战场上建功。还好，他在诗坛上留了名。

- 037　陈子昂：无敌是多么寂寞
  唐诗的江湖上，也会有黑天鹅事件发生。它出乎意料，并产生重大影响。

- 047　高适乐观，杜甫悲观，李白颠覆三观
  人生的逆袭或落魄，都是有原因的。

- 061　盛唐，那一场吐槽大会
  这些诗不仅没有抹黑唐朝形象，反而散发着大唐最性感的光芒。

- **073** 王维：没见过风起云涌，哪来的风轻云淡
  盛世中，他烈火烹油；乱世里，他冷静清醒。

- **083** 崔颢：我不出大招，是怕你们伤不起！
  他的大唐版"深夜电台"，在白热化的唐诗圈，杀出一条血路。

- **093** 孟浩然：男人中年，别矫情
  出发吧孟哥，长安的名利场，不如扬州的欢乐场。

- **107** 情圣杜甫的月光爱人
  这个耿直倔强、不善言辞的男人，终于有了一抹浪漫色彩。

- **121** 诗国信使
  那只鸟，煽动了他诗情的翅膀。

- **137** 刘禹锡：有本事你来咬我呀
  以前我的生活里只有诗，现在倒是诗和远方都有了……

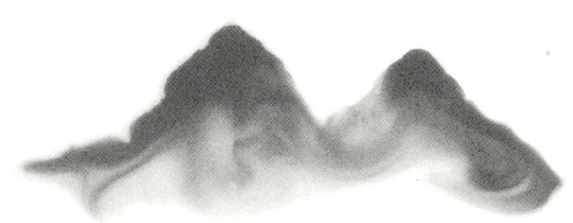

149 薛涛：一个女诗人的复仇
让一个女人失去爱情，比让一个军阀失去权力更加危险。

167 李贺：天若有情天亦老
你可以不喜欢我，但你永远不会忽视我。

181 杜牧：朋友，你误会我了
一切的现实，都是苍白的、残酷的，只有在诗境里，它才是美的。

199 李商隐：姑娘，我要给你写情诗
他让汉字有了最美的组合，美到炸裂，美到无法言说。

215 温庭筠：一边花样作死，一边花间作诗
一个小人物用自己以为很硬的力量，不断跟时代死磕的一生。

231 黄巢：他年我若为青帝
就像杀手莱昂一样，别看他平时养养花弄弄草，等他出手的时候，你就等着颤抖吧。

鲜衣怒马

少年时

| 239 | **颜真卿：从一个人，看大唐消亡史**
"青箬笠，绿蓑衣，斜风细雨不须归。"真能不归也好，可他必须得归了。在长安，已经挖好一个大坑，等着他跳进去。

| 253 | **苏轼：月亮代表我的心**
他在城东的山坡上有块地，每天在田间地头，也会跟村妇樵夫聊天。他新取了个网名叫"东坡"。

| 263 | **李清照：大宋文坛的一股清流**
在她之后，元明清三朝，再没出过这样一个女人。

| 275 | **辛弃疾：哥的忧伤你不懂**
腰间的吴钩宝刀都快生锈了，还没杀过敌。他喝了一碗酒，登上一个叫赏心亭的亭子。

| 287 | **陆游：我一身盔甲，却藏不住软肋**
多年以后，陆游回味那壶酒，它是那么醇香，又是那么苦涩。

301 | **知否，知否，此话大有来头**
风雨落花的场景，似乎一直埋在她脑子里，就等着那个"不消残酒"的早晨。

313 | **何以解忧，唯有粉丝**
从作品到人品，张籍用行动做了一个死忠粉的标准姿势。

325 | **楼上有骚人**
在中国文化里，没有被命运蹂躏过、没有把屈原头像设为屏保的文人，不足以聊诗歌。

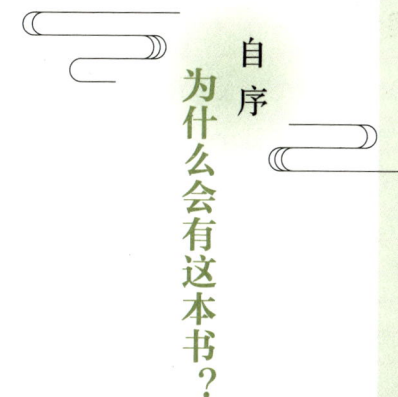

自序 为什么会有这本书？

这几年里,我研究过很多诗人词人。我把历史记载和诗歌作品进行对照,企图还原出一个个真实的人物。

可是很遗憾,他们依然面目模糊。

我所知道形象最丰满的诗人,是一个虚构的人物——贾雨村。

在《红楼梦》里,贾雨村写的诗并不多,如:"蟾光如有意,先上玉人楼""天上一轮才捧出,人间万姓仰头看""玉在椟中求善价,钗于奁内待时飞"。

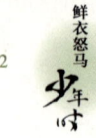

这三句隐隐有唐诗的影子，说的是自古男人最爱说的三个词——女人、野心、怀才不遇。

如果《红楼梦》是一段历史，并在这里停下，我们对"诗人贾雨村"的认识，就是"一个雄心万丈且浪漫的才子"。

可是，事实果真如此吗？看过《红楼梦》的人，都知道真实的贾雨村是什么样子。

我们对唐诗宋词那些作者的认识，何尝不是这样。

史书的版面很稀缺，只能记载帝王将相，一个小诗人，在历史上是留不下什么篇幅的。

"春江潮水连海平，海上明月共潮生"厉害吧，"月落乌啼霜满天，江枫渔火对愁眠"够极致吧，"白日依山尽，黄河入海流"够绝吧。

可除了几首孤零零的诗，你对张若虚、张继和王之涣还了解多少？

这不怪我们，翻遍历史的犄角旮旯，有关他们的记载也不过百十来字。相当于他们只发了一条朋友圈，然后就消失在历史的汪洋中。

所以，读者诸君也不要指望我还原出一个真实的诗人，所谓"真实"就像时间一样，过去了就永远追不回来了。

我只是尽量给大片留白的诗人生平，添枝加叶，修修补补，并力图使这个讲述过程，不至于枯燥乏味。

如果这本书，能让你喜欢唐诗，多读一遍唐诗，我将欣慰至极。

算起来，我对诗词的喜欢始于童年。

家里有一本《毛泽东诗词》，那是父亲的藏书。他自己读的时候，喜欢拉上我当听众。我听多了，就会背了。印象最深的一首，是《沁园春·长沙》。

初中，课堂上讲《沁园春·雪》，又到了那个众所周知的环节——朗读并背诵全文。我一口气背诵了好几首主席诗词。

那是我平生第一次，也是唯一一次学霸体验。

父亲还喜欢对联、书法，看到人家写大字，总要观摩半天，评价这个横写得不好，那个钩很带劲。现在想想，他一个农民，面朝黄土还有这种雅兴，也挺魔幻的。

汉字，真的有魔力。

本书一部分内容来自我的"少年怒马"公众号，原文不足之处，已尽数做了调整修改。另一部分是第一次跟读者见面。

码字那段时间，我每天穿梭在上海的地铁上，白天写PPT（演示文稿）、见客户，晚上读李白、杜甫，我觉得自己是一只行走的古董，感觉比魔都还魔幻。

最大的收获，是我的生活多了一些诗意。

中唐有个叫朱庆馀的书生，把自己的诗挑些满意的，装订成册，送给张籍——就是写"恨不相逢未嫁时"的那位——过目。

作品送出之后，朱庆馀很忐忑，不知道自己的诗"张大佬"喜不喜欢，于是写了一首《闺意献张水部》试探：

> 洞房昨夜停红烛，待晓堂前拜舅姑。
> 妆罢低声问夫婿，画眉深浅入时无？

在诗里他把自己比作一个新媳妇,洞房花烛夜之后,天亮了细细化妆打扮,要见公婆。但她有点不自信,就低声问老公:我化的妆符不符合当下的潮流?

他的真正意思是:我的诗,能不能入您的眼?

在写作这条路上,我也是一个初出茅庐的朱庆馀,也忐忑,也想早点知道:

画眉深浅入时无?

少年怒马

戏精杨广：会作诗，更会作死

历史给过杨广一个成为伟大帝王的机会，可惜，他却用来挥霍。

01

公元589年的春风掠过长江，吹过建康城高大的城墙，一股血腥气息。

南朝陈的皇宫里，临春阁珠光宝气，成千上万支蜡烛把这里照得通亮。在一群歌女的簇拥下，一个叫陈叔宝的中年男人疯狂摇摆。

歌女们正在唱的，是陈叔宝填词的超级金曲，据说旋律很优美，歌词是这样的：

> 丽宇芳林对高阁，新妆艳质本倾城。
> 映户凝娇乍不进，出帷含态笑相迎。
> 妖姬脸似花含露，玉树流光照后庭。

这首华丽丽的诗，其实就说了两句话：我的宫殿很豪华，我的妃子们很漂亮。

一曲唱罢，陈叔宝癫狂不已，举起酒杯。"来，诸位说说，朕这首《玉树后庭花》厉不厉害？"

一个守城官连滚带爬跪倒跟前。"皇上啊，敌人打到我们后庭啦！"

"别怕，朕有妙计。"

"什么妙计？"

"下井。"

这不是我瞎编，陈叔宝真的下井了。他跑到宫殿后院，安全帽都没带就躲进了井里。

守城官所说的敌人，是隋朝的官兵。他们冲进皇宫，对着那口井大喊："你听说过落井下石吗？"

井下传来一个声音："别扔石头，我出来了。"

隋军放下绳索，从井里拽出一个沉重的物体，这才发现，跟陈叔宝在一起的还有他的两个妃子。其中一个，就是著名美女张丽华。

前线的战报堆在床底下，连信封都懒得拆，敌人打上门了就知道往井里躲，这大概是最早的"深井冰"。

南朝陈风流云散，陈叔宝做了亡国奴，史称"陈后主"。持续一百七十年的南北朝乱世，终于画上句号。

在浩瀚的诗歌史上，这首《玉树后庭花》空洞俗艳，原本成不了热点，更上不了头条。

然而，就连陈叔宝本人也没料到，此后一千多年里，他这首大作被文人诗客们不断打榜，热度从未降低。最出名的一句，是杜牧的"商女不知亡国恨，隔江犹唱后庭花"。

负责这次军事行动的隋军总指挥，是一个叫杨广的年轻人，也是本文的主角。

后来，他有了一个更霸气的抬头：隋炀帝。

02

杨广是怎么成为隋炀帝的？让我们从一部教科书级别的官斗说起。

话说，隋文帝杨坚灭了南朝陈，统一全国之后，就非常重视接班人问题。当时的太子，是杨广的哥哥杨勇。

杨勇这个人，在历史上存在感很低，没什么才华，也没什么大错。可是在杨广眼里，哥哥当了太子，就是天大的错。

于是，中国历史上最精彩的夺嫡之战上演了。

老妈独孤皇后最讨厌男人花心好色，杨广就冷落一众姬妾，把自己打造成一个专一好男人，只跟正妻秀恩爱。而杨勇这个二货却整天搞选美。

老爹隋文帝和独孤皇后每次派下人来，不管身份贵贱，杨广夫妇都在门口迎接，临走厚礼赠送，很会来事，简直是孝子贤媳的楷模。

有了陈后主的教训，隋文帝忧患意识很强，最讨厌皇子们沉迷声色，不学无术。杨广就把乐器上的弦弄断，任它落满灰尘。这是在向隋文帝传递一个信息：喏，我不喜欢声色。

当然，这都是小事，还不足以让老爹换太子。杨广的夺嫡计划里，还差一个重要的人设——诗人。

彼时，国家刚刚统一，文化一片荒芜，文坛流行的是南朝盛行的宫体诗。

顾名思义，"宫体诗"就是在宫廷创作、写宫廷的诗，这类诗一般格调低下，内容不是美女，就是美女的用品。用闻一多的话说，当时的诗坛"人人眼角里都是淫荡，人人心中怀着鬼胎"，这样的诗是"蜣螂转丸"——屎壳郎推粪球。

这样的文学，显然不符合一个大帝国的形象。隋文帝大笔一挥，不要写小黄文了，要弘扬正能量。

怎么弘扬呢？

几百年前曾经有一个雄健俊朗的时代，那是文坛上一个响亮的名字：建安。

于是，隋朝集团的文人、朝臣们，开始了名为"重走建安路"的改革试验。成绩最好的一个，就是杨广。

03

历史书中的杨广是被贴了脸谱的，人们只知道他是一个坏皇帝，却不知道他还是一位好诗人。

在老爹的号召下，杨广先交出两篇大作，其中一篇就叫《春江花月夜》。没错，跟张若虚"孤篇压全唐"的那首同名。这不是巧合，《春江花月夜》原本就是乐府旧题，它的首创者不是别人，正是上文的陈叔宝，不过陈叔宝写的是艳曲，而杨广用同样的题目，写出了完全不同的诗意，请看他的前四句：

> 暮江平不动，春花满正开。
> 流波将月去，潮水带星来。

诗人的趣味，终于摆脱了"妖姬""后庭"，摆脱了"淫荡""鬼胎"，投向"春江""明月""星空"，清新疏朗，一扫俗艳。

还记得张若虚的头两句吗？"春江潮水连海平，海上明月共潮生。"是不是类似的意境？

再来看他第二首诗，名叫《野望》：

寒鸦飞数点，流水绕孤村。
斜阳欲落处，一望黯消魂。

语言质朴，只用二十个字就描摹出一幅意境悠远的孤村晚景。

这首诗有多厉害呢？许多年后，秦观忍不住致敬，写出了他的大金句——"斜阳外，寒鸦万点，流水绕孤村。"

《天净沙·秋思》也是千古名篇吧，请重读一遍：

枯藤老树昏鸦，小桥流水人家，古道西风瘦马。
夕阳西下，断肠人在天涯。

都是日落时分过孤村，看到乌鸦，寂寞苍凉的诗境一模一样。诗人叫马致远，所以多了一匹瘦马。

这样清新质朴的诗，在那个人人尽是"淫荡""鬼胎"的宫体诗时代，简直是一股清流。

这样厉害的诗，加上杨广"美姿仪"的颜值，他简直是个集才华与美貌于一身、智慧与人品并重的绝世好男人。

不把皇位传给他太可惜了！

在独孤皇后和大臣杨素的撺掇下，隋文帝终于废掉太子杨勇，杨广晋级为大隋帝国的接班人。

04

公元604年，隋文帝稀里糊涂地死去，杨广成为新皇帝。

人们这才发现，这个浓眉大眼的才子、品行端正的君子，原来是个大戏精。

杨广即位后的第一件事，就是赐死哥哥杨勇。这时他老妈独孤皇后也已死去，整个帝国，再没有一个人能令他顾忌。于是，这位大戏精不再演戏，他决定放飞自我，干一些大事，还给自己定了年号：大业。

干大事当然要大手笔。杨广一上位，就上马一个又一个大工程。

首先，他需要一个古往今来最伟大的都城，于是开建东都。先征发壮丁数十万，挖壕沟、修城墙，再征发壮丁二百万，建造主城。

光有皇宫还不够，他还需要一座皇家园林，位置选在洛阳城西，史称西苑。

这座西苑有多大呢？《资治通鉴》上说，方圆二百里。苑内种满从南方移植过来的名贵树木，还有周长十余里的人工湖，湖上有三座假山，高一百多尺。

苑内有十六座宫殿，每个宫殿有两三百个美女，设一个四品夫人主持。杨广最喜欢干的事，是在月圆之夜，带着几千名宫女在西苑游玩。我们读《红楼梦》时，总会被大观园的规模震惊，如果把大观园放到杨广的西苑里，不过是一个小花园。

然而，这么大的园林，也装不下杨广那颗膨胀的野心。

他还有一个更大的计划——京杭大运河。

这可是三千五百多里的大工程，贯通海河、黄河、淮河、长江和钱塘江五条东西水系，仅用四年就完工了。

只是代价也很大。为这项工程服劳役的是五百一十万人，工程结束，累死、病死、打死的壮丁"十之四五"。五百一十万是什么概念？隋文帝在位时，巅峰期人口不足五千万。全国百分之十的人口，都在挖这条河了。

如果街头采访一个隋朝末年的老百姓，问问他这个工程厉不厉害，他一定会夺过你的话筒扔进身后的河里。

但历史总是以出其不意的方式上演。京杭大运河开通后的一千多年里，历朝历代中国人都在受益，它让中国的南北第一次有了真正意义上的交通大动脉。北京、扬州、苏州、杭州的繁华，都是拜这条河所赐。

历史给过杨广一个成为伟大帝王的机会，可惜，他却用来挥霍。

大运河开通后，杨广在两岸建了四十多座行宫，三下江南，每次的船队"数千艘"，首尾相连"两百余里"。他乘坐的龙舟有四层，长二百尺，中间两层有"百二十房，皆饰以金玉"，就是一座水上宫殿。

当时可没有发动机，这些船全靠士兵和壮丁拉，这些纤夫有多少人呢？据《资治通鉴》记载，"八万余人"，都是民脂民膏呀。

晚唐皮日休有诗：

> 尽道隋亡为此河，至今千里赖通波。
> 若无水殿龙舟事，共禹论功不较多。

意思是：这条河确实厉害，如果不是杨广拼命作死，他的功劳不亚于大禹。

杨广的作死，仅仅在于豪华游吗？当然不是。

杨广有一种"大哥情结"，非常爱面子。隋朝跟突厥、高丽的连年战争，就是大哥的面子之战。

著名的三征高丽，就是因为高丽王不肯"跪下叫爸爸"，大哥很生气，带着一百一十三万大军就出发了。可惜，前两次都败了，第三次刚一开战，高丽王实在打不动了："哥，我认怂还不行吗？"

在杨广十几年的皇帝生涯里，不是建大工程，就是打仗。每次出征，他都喜欢用英雄体诗，来歌唱自己的千秋大业。比如这首《饮马长城窟》，节选几句：

> 肃肃秋风起，悠悠行万里。
> 万里何所行，横漠筑长城。
> 岂台小子智，先圣之所营。

> 树兹万世策，安此亿兆生。
> ……………
>
> 千乘万骑动，饮马长城窟。
> 秋昏塞外云，雾暗关山月。
> ……………

是不是看到了盛唐边塞诗的影子？这首诗古朴苍劲，很有帝王气质。关键是他还很谦虚：啊，先人留下伟大的长城，是让我们保护亿兆苍生。

再看另外一首，叫《白马篇》：

> 白马金具装，横行辽水旁。
> 问是谁家子，宿卫羽林郎。
> 文犀六属铠，宝剑七星光。
> 山虚弓响彻，地迥角声长。
> ……………

简直是建安和初唐的合体。没错，这两篇从题目到诗境，都在向建安致敬。清朝张玉谷评价杨广的诗："……气体阔大，颇有魏武之风。"真是好诗，真是好诗人啊！

可惜，他真不是一个靠谱皇帝。

05

杨广曾以大哥的身份巡视突厥。

他坐在一辆豪华大车上,这辆车可容纳数百人,带轮子,可移动,"胡人惊以为神,十里之外,即屈膝稽首,无敢乘马",纷纷拜倒在他的车轮下。那一刻,杨广觉得他的面子比草原还大,忍不住又吟诗一首:

"何如汉天子,空上单于台!"——汉武帝没干成的事儿,老子干成了。

人有多不要脸,就有多打脸。

杨广的骄横自大,终于惹怒突厥。大老板始毕可汗率领几十万骑兵突袭隋军,包围了杨广。这个地方在山西,叫雁门。

听名字,就是个打大规模群架的地方。

眼看要被团灭,杨广再也不黑汉武帝了,赶紧发出SOS信号,号召各地勇士速来勤王。

一支穿云箭,千军万马来相见。

在雁门附近,一个地方长官正在招募勇士,他是为杨广招募敢死队,也是为自己招揽追随者,他的名字叫李渊。一个十六岁的新兵刚刚入伍,他智勇双全,有着远超这个年龄的成熟,这个新兵蛋子叫李世民。

各地勤王大军赶到,杨广解围,他的命保住了。但大隋帝国的命,已是危在旦夕。

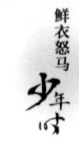

其实，征兆从一开始就有了。

建行宫、凿运河、修长城、高税收、征高丽、打突厥，一连串作死动作，早已搞得民不聊生。

先是民变，遍地都是陈胜吴广。紧接着就是兵变，隋末英雄大混战已经上演。

后面发生的事大家都知道，这里不多说。

单说杨广。一个真正的王者遇到大混乱，应该会全力一搏，即使败了，也是虽败犹荣。

可是在杨广身上，丝毫没有这种素质。

他得意的时候像一只老虎，杀戮、凶残、六亲不认；失意的时候，却像一只鸵鸟，沉浸在自己构建的大梦幻里，混日子、末日狂欢，然后等死。

或许，他已经知道无力回天。

杨广把他最后的日子，放在他朝思暮想的扬州。

那里有他注定留名青史的大运河，有豪华的行宫、江南的暖风。当然，还有如云的美女。一百多间宫舍，每间都有美女，杨广每天换一间，一百多天不重复。

所有劝阻的大臣，杨广都杀掉，所有来报前线失利消息的人，杨广也杀掉。到最后，没人敢在杨广面前说一句真话。

无数个烂醉的夜晚，杨广会摸着自己的头，似笑似悲地说道："多好一颗脑袋，谁来斩呢？"

"让我来！"

一个声音从门后传来。说话的人，叫宇文化及。

在全国一片混乱之际,这个野心家终于不愿再等了。他杀掉杨广,又杀掉杨广所有的宗室、外戚,包括卧床垂死的老者和吃奶的幼儿。曾经,他可是杨广最听话的心腹——不听话的早被杀了——如今,他是杨广的掘墓人。

杨广死了。

没有豪华陵墓,没有隆重的国丧仪式,这个生前掌控天下财富的人,连个棺材都没有,宫人拆下几块床板,给他拼成一个简陋棺材,草草埋了。

白居易在《隋堤柳》里写道:

土坟数尺何处葬?吴公台下多悲风。

扬州的吴公台还在,大运河岸柳树还在,杨广却无葬身之地。

几年大动乱之后,李渊击败所有对手,拿下大满贯,一个黄金时代即将开始,诗歌的巅峰期即将到来。

它的名字,叫大唐。

06

关于杨广,历史的评价应该是双面的,不管怎么推崇他的功,他还是个暴君。

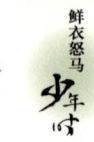

具体不多说，就说一个数字：杨广刚即位时，隋朝是五千万人左右，唐朝建国后统计全国人口，只有一千五百万人。超过三分之二的人，都死于隋朝末年。

虽然这些锅不能让杨广一个人背，但如果列个杀人榜，杨广一定是Top1（排名第一）。

古代中国有一部《谥法》，用来给死去的皇帝追认谥号。其中记载有"好内远礼曰炀，去礼远众曰炀，逆天虐民曰炀，好大殆政曰炀，薄情寡义曰炀，离德荒国曰炀"，杨广全占了。"炀帝"这个称号，简直是为他量身定制的。

隋朝之后，唐宋元明清有昏君，有庸君，有懒君，但没有暴君。从这点看，历史一直在进步。

老爹隋文帝生活节俭，平时吃饭，肉菜只有一个；衣服穿旧的，穿绢布，不穿绫罗；生活用品也不用金玉。他交给杨广的，是一个国库充足、人口众多、兵强马壮的国家。

然而，再牛的爹，也抵不过一个败家子。这么雄厚的家底，这么好的一手牌，被杨广打得稀巴烂，只用十四年就败光了。

聊完历史，再把目光转向文坛。

读过杨广的诗，我们有理由相信，他是希望文坛有革新的。只是作诗和作死，在杨广这里可以完全分开。

杨广登基的公元604年前后，文坛也发生了几件大事。

这一年，俘虏陈叔宝在洛阳去世。隋文帝灭了他的国，但没要他的命，陈叔宝晚年照样吃喝玩乐，隋文帝给他的评价是：全无心肝。

公元603年，皇位交接前夕。一个叫王通的年轻人来到洛阳，给隋文帝献上一部《太平十二策》，这部呕心之作，闪耀着一个伟大的思想：行仁政，明王道。他想凭此完成一个小目标——做帝王师。

帝王师哪有那么容易做，先做个教师吧！隋文帝随口一句话，给王老师安排了一个小官，到四川任职去吧。

到四川？开麻辣玩笑吧？！以我的才华，到哪里都是优秀教师。

王老师打点行囊，回了山西龙门的老家，在一个叫白牛溪的地方创办了一所私塾。

没有鲜花红毯，没有鞭炮齐鸣，没有剪彩仪式，王老师的补习班开学了。

就在杨广各种作死的那些年，王老师的学生和文友越来越多。

在课堂上，他很注重素质教育，善于启发学生："人没有梦想，跟咸鱼有什么区别？来，同学们告诉我，你的梦想是什么？"

一个比王老师还大几岁的年轻人站起来："老师，我要辅佐明君！"

"很好，魏徵同学，奖励你一朵小红花。"

另一个学员也举起了手："老师，我要做大法官，让天下没有被冤枉的人。"

"法律是仁政的基础，杜同学回答得也很好。"

这个杜同学叫杜淹，是隋朝的高级干部，多年之后他被李渊挖

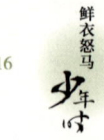

走,做了大唐最高学府的教授。他有个侄子,就是大名鼎鼎的杜如晦。叔侄二人,最终都是初唐名相。

第三个学员也起立了:"王老师,我要学习你的《太平十二策》,安邦定国。"

王通心头一痛,热泪两行:"唉……别提了。当今乱世,皇帝残暴,靠仁政思想不行啊。"

这个要安邦定国的学员又默默坐下,继续听课,课本上写着他的名字:房玄龄。

"那靠才华行不?"一个自信的声音从后排传来。

王老师仰头望去,目光深邃。"当今这乱世,不是才华的事,主要是朝廷不仁啊。"原话是:"小人任智而背仁,为贼;君子任智而背仁,为乱。"

这个要靠才华的学员,名叫李靖。

课堂氛围一时沉闷。王老师拿起课本,故作轻松:"同学们,下面让我的弟弟,给大家分享一首诗吧。"

掌声雷动。人群中一个年轻人走向讲台,缓缓念道:

> 东皋薄暮望,徙倚欲何依。
> 树树皆秋色,山山唯落晖。
> 牧人驱犊返,猎马带禽归。
> 相顾无相识,长歌怀采薇。

站在暮色里的东皋,看不清前方的路。秋色深山,牧人猎户,诗意盎然。在这个没有知音的世道,我多么想隐居田园。

这首写在隋、唐交会点上的《野望》，在历朝诸多唐诗集里，都占据了开篇第一把交椅。写诗的年轻人叫王绩，是王通的亲弟弟。

是不是被王家人的才华惊到了？

别急，多年以后，王通还会有一个更具才华的孙子，名叫王勃。

这就是王通在隋朝末年的影响力。

上文提到的这些人，后来都投奔了李渊、李世民的父子组合，个个功勋卓著，出将入相。其中李靖、魏徵、房玄龄还被供在凌烟阁里，那是大唐的功勋纪念碑。

《三字经》有言："五子者，有荀扬，文中子，及老庄。""文中子"就是王通。能够跟老子、庄子、荀子等并列，可以说相当厉害了。

08

说完王通的补习班，再回到杨广的小朝廷。

这一年，王老师补习班来了一位插班生。他面容憔悴，形容枯槁，一副悲伤过度的惨相。他愤恨发誓，再也不为隋朝出力，要另寻明主。这个学生，叫薛收。

历史书总喜欢把亡国之君的宠妃写成红颜祸水，这确实带有偏见。但这个故事，我们还是要从一个美女聊起。

还记得本文开头那个一出场就领了盒饭的张丽华吗？

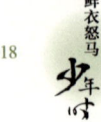

张丽华是超级大美女，据说有"七尺黑发"，人也聪明，陈叔宝躲在井底逃命都带上她，可见有多么受宠。

巧了，杨广也是一位长发爱好者。建康城破，隋军刚要大开杀戒，杨广就传下一道命令：放开那个美女，让我来。

一个叫高颎（jiǒng）的大将军上前阻止："晋王阁下（杨广当时身份），妖女必然祸国，不能留啊！你看当年姜子牙，就对妲己实施了肉体毁灭。"

当时的高颎身兼大隋帝国的宰相，是可以向隋文帝汇报工作的。前面说了，杨广上位之前是个戏精，是个心机boy（男孩），他一番权衡，忍痛割爱，同意了高颎的提议。

刽子手手起刀落，张美女的长发瞬间飘散在地上。

杨广很心疼，对高颎说了一句意味深长的话：干得漂亮，我以后会报复……不，会报答你的。

高颎不仅业务能力强，为人也很正派，敢讲真话，谏直言。

杨广登基后，各种铺张，各种杀戮，高颎总是提出异议，给他看《一个皇帝的自我修养》。

于是，杨广报答了他，将他杀头，将其子孙发配边疆。

高颎死后，很多人为他抱不平，其中一个，叫薛道衡。

提起薛道衡，很多人感到陌生，他是谁？跟唐诗有什么关系？

要了解杨广，了解隋唐转型期的诗歌，薛道衡是一个绕不过去的人。

话说，如果在隋朝的大街上随便问一个人，当今谁的诗最厉害？十有八九，答案是薛道衡。

先看他的几首代表作：

> 绝漠三秋暮，穷阴万里生。
> 寒夜哀笛曲，霜天断雁声。

这是他《出塞》里的四句，深秋荒漠，寒夜闻笛，边塞的悲壮苍凉之气扑面而来。这样的诗，就算放在高适、岑参的诗集里，也毫不违和，要知道，这两位可是比薛道衡晚生了一百多年。

谁说当时的诗坛全是宫体诗，没有一丝亮色？

再看他的一首小诗，《人日思归》：

> 入春才七日，离家已二年。
> 人归落雁后，思发在花前。

清新质朴，没有一点宫体诗的毛病。

他不仅能写大诗、小诗，还能写情诗，在他的《昔昔盐》里，有四句是这样的：

> 飞魂同夜鹊，倦寝忆晨鸡。
> 暗牖①悬蛛网，空梁落燕泥。

这是站在一个思妇的角度写的：男人外出打仗，女人独守空房。

---

① 牖（yǒu），即窗户。

夜里听到乌鹊叫，心惊肉跳，一夜无眠。窗户结满蛛网，梁上的燕子巢穴在往下掉落。

多么细腻传神的句子，真是好诗，尤其"空梁落燕泥"一句，一直是诗坛大名句。

不过，千万别认为薛道衡只是个诗人，人家在隋朝的岗位可是开府仪同三司，文散官最高级别。

这样有才华的老同志，按说，完全可以协助杨广搞文学创新吧。

然而，并没有。

诗人大多直性子，不擅于玩弄权术，不懂权谋险恶。高颎死后，朝廷的很多法令没人能做可行性评估。每当这个时候，薛道衡就会一声长叹：唉，要是高颎还活着就好了。

这话传到杨广耳朵里。什么？你不服是吧，想见高颎是吧，来人，拿绳子，伺候薛诗人上吊。看你还能写"空梁落燕泥"不能。

七十岁的薛道衡，被逼自缢身亡。

这样的大诗人、老教授都被杀了。朝中人人心寒，最心寒的，就是前面说的那位薛收。因为，他是薛道衡的儿子。

在杨广最后的日子里，扬州城连空气都是恐怖的。老臣、忠臣、直臣，杀的杀，闭嘴的闭嘴，朝廷里留下的都是听话的、唱赞歌的。

薛收完成学业，加入李世民麾下，成为秦王府"十八学士"之一。"十八学士"就是李世民宏图霸业的智囊团。多年以后，薛收去世，已是唐太宗的李世民仍然怀念他，对房玄龄说："收若在，朕当以中书令处之。"

杨广嫌弃的人、随意杀伐的人，在李世民这里往往是国之重臣。

杨广的生母，与李世民的奶奶是亲姐妹，都是那个"史上最牛岳父"独孤信的女儿。算起来，李世民得叫杨广表叔。

都是一家人，做人的差距咋就这么大呢！

09

隋朝的灭亡，很像秦朝的历史重现。

都是结束大分裂统一全国，都是长子被杀，都是传二世而亡，都是败于残暴不仁，也都留下了超级大工程。

更一致的是，取代这两个朝代的，一个是汉，一个是唐，都是伟大的王朝。

这些隐藏在历史褶皱里的信息，我们读来，很容易产生一个疑问：杨广开创"大业"的时代，正是用人之际，为什么就不知道珍惜人才？杨广能写那么好的诗，肯定也博览群书，难道没读过孟子的警告"得道多助，失道寡助"？难道不明白"天时地利都不如人和"的道理？

要读懂杨广，只靠历史学家不够，还需要心理学家。

一个优秀诗人，如何同时还是个暴君？一个人的面子到底有多重要？人的欲望沟壑能不能填平？陈叔宝的棺材板还没掉漆呢，为什么就忘了前车之鉴？

最后，用一首诗收尾吧。

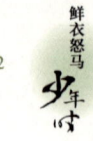

扬州在古代名称繁多，南朝宋时期，大诗人鲍照又给它取名，叫"芜城"，意为荒芜之城。

杨广在洛阳、在千里运河两岸，有那么多宫殿，但他仍嫌不够，还打算定都扬州，再继续南下到会稽。

他在洛阳的宫殿里，令人捉了千万只萤火虫，然后一起放飞，只为博美人一笑。

他在运河两岸种满垂杨柳，"御笔写赐垂杨柳姓杨，曰杨柳也"。

这一幕幕场景，都化进李商隐的诗里。众所周知，李商隐的怀古诗是一绝，晚唐夕阳下，他在《隋宫》里写道：

> 紫泉宫殿锁烟霞，欲取芜城作帝家。
> 玉玺不缘归日角，锦帆应是到天涯。
> 于今腐草无萤火，终古垂杨有暮鸦。
> 地下若逢陈后主，岂宜重问后庭花。

长安洛阳的宫殿啊，极尽奢华，可杨广还想把扬州当作帝王家。如果不是玉玺归了李渊，杨广的锦帆会遍布天下。萤火虫因他而濒临灭绝，垂杨柳上只有乌鸦。若在地下遇到陈后主，杨广会不会也唱一支《玉树后庭花》？

这两位如果真的地下相逢，杨广会不会唱《后庭花》不知道，陈后主肯定会一阵兴奋，手拿话筒高歌一曲：

哦，原来你也在这里。

骆宾王：怎样精彩地骂人

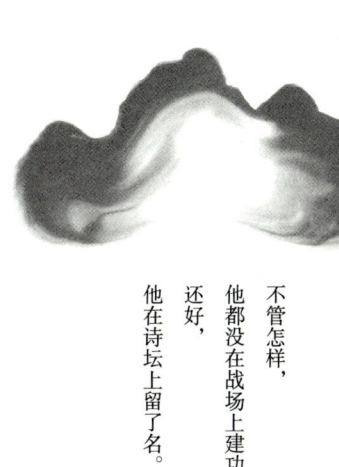

不管怎样，
他都没在战场上建功。
还好，
他在诗坛上留了名。

01

公元684年,初夏。

大明宫内正在早朝,女皇武则天高坐龙椅。她还没过更年期,最近脾气越发火暴,一言不合就杀人。

一位官员跪在地上,手捧文书,他浑身颤抖。"陛下,有人发文骂你。"

"又不是没被骂过。抓到他,剁成馅儿。文章嘛,我就不看了。"

"不,陛下,这次骂得好——不不,我是说,这次骂得精彩……"

"你也想死?"

"不是的,陛下,我是说这次骂得不一样。"

"那就读来听听。"

官员后背已经湿透,他擦了擦汗,清一下嗓子,开始念:"伪临朝武氏者,性非和顺,地实寒微。"意思是:这个叫武则天的假皇帝,不是善茬,出身也不咋的。

这是当头棒喝，下面的大臣战战兢兢，生怕女皇发飙。

但女皇喝了一口参茶，半个字也没说。

官员接着念："昔充太宗下陈，曾以更衣入侍。洎乎晚节，秽乱春宫。潜隐先帝之私，阴图后房之嬖。"意思是：当初她是太宗的妾，因陪太宗一起上厕所，才有了服侍的资格。后来竟然瞒着太宗，跟太子私通，成功上位，搞得后宫很乱啊。

见女皇还没有发飙，官员似乎松了一口气。他声音更大了，又念出了："入门见嫉，蛾眉不肯让人；掩袖工谗，狐媚偏能惑主。"

接着念出了："……虺蜴为心，豺狼成性，近狎邪僻，残害忠良，杀姊屠兄，弑君鸩母。人神之所同嫉，天地之所不容。"

句句都是实锤。

前面骂完，后面就是制造舆论：

班声动而北风起，剑气冲而南斗平。喑呜则山岳崩颓，叱咤则风云变色。以此制敌，何敌不摧？以此图功，何功不克！

大概意思是：哟！哟！哟！风在吼，马在叫，宝剑已出鞘，战士在咆哮。快加入我们的战斗吧，咱们组团，一定能把武则天干掉！

这实在太反动了，大家等着女皇发怒。

但是，女皇就是女皇，她依旧喝着参茶，淡定从容。

官员念得更起劲了，接着又念出："一抔之土未干，六尺之孤何托？"甚至还念出："请看今日之域中，竟是谁家之天下！"这两句太狠了，是说：先帝坟上的土还没干，太子还没有依托。咱们这些拿李老板工资的人，怎么能不管呢？……再看看现在的大唐，到底是谁

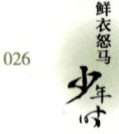

家的天下！

文章结尾，还不忘带上八个字："移檄州郡，咸使知闻。"意思是：大家快转发起来，让更多人知道，不转不是大唐人。

刚念完，只听见"啪"的一声，女皇摔了茶杯。

大殿之内，只能听到喘气声。群臣等着女皇的狂风暴雨，下诛杀令。

果然，女皇站了起来，大声咆哮："这么有才华的人，为什么没有给朕招过来！"

这一年，武则天刚刚登基。

这篇《讨武曌檄》的作者，是一个大愤青，他叫骆宾王。

02

好好的文艺青年不当，骆宾王为啥非要造反？

让我们回到二十多年前。

那是个风起云涌的时代。为了做大做强，每个王爷都会储备人才，诗人们也愿意跟着王爷们做事，近水楼台嘛。

比如，王勃跟过英王，王维、杜甫跟岐王走得很近，刘禹锡、柳宗元跟的太子以前是宣王，李白也跟过永王（李白：哪壶不开提哪壶，找事是不？）。

骆宾王是义乌人。那一年，二十岁的骆宾王，没有回老家做小商品生意。他雄心万丈,准备干一番大事业。经朋友引荐,他进了道王李元庆的幕府,但道王是一名不合格的HR,没看出骆宾王的才华。

某天,道王要下属们"说己之长,言身之善":来来来,我要分配岗位了,大家有什么才华,都写出来。众人马上开启自夸模式,比如在全球五百强工作过、参与过十亿元的项目、获得过"优秀班干部"荣誉等等。

只有骆宾王站着不动,他轻轻吐出两个字:"我不。"

"小骆啊,难道你不想升职加薪?"道王问。

"我想,但有没有本事,是要别人说的,不是靠自己说的。"

当然,这是他说出来的话。没说出来的话是:连我的才华都看不出来,这样的老板跟他作甚。

就这样,骆同学裸辞了。

03

贞观盛世,大唐牛气冲天,哪里不服打哪里。

当时的有志青年,都想去战场上建功立业。关于这一点,一个叫杨炯的大神说得很清楚:

> 烽火照西京,心中自不平。
> 牙璋辞凤阙,铁骑绕龙城。

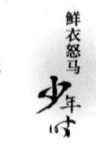

雪暗凋旗画，风多杂鼓声。
　　宁为百夫长，胜作一书生。

　　这首《从军行》，是大唐的冲锋号角。
　　他说：烽火已经烧到长安了，我不服。将军们身负命令，辞别帝都，在边疆的风雪和战鼓声中杀敌。我也想去，哪怕做个小官，也比做个书生好。
　　这也是骆宾王的梦想。

　　社会我骆哥，人狠话不多。说去就去。
　　那年秋风萧瑟，骆宾王出了长安，一骑绝尘，直奔遥远的西域。在战场上，他亲临一线，做了指导员。在一场又一场的拼杀中，挥洒着凶猛的青春。
　　烽火连天，人头滚滚，鲜血染红了脚下的黄沙。骆宾王在战壕中拿出小本本，写了一首首杀气腾腾的诗：

　　平生一顾重，意气溢三军。
　　野日分戈影，天星合剑文。
　　弓弦抱汉月，马足践胡尘。
　　不求生入塞，唯当死报君。

　　是不是一样的配方，熟悉的味道？
　　没错，这就是唐朝边塞诗的开端，后来的"边塞F4"组合——王昌龄、王之涣、高适、岑参，这会儿还没出生呢！

后世知名的初唐诗人当中,骆宾王是唯一参加过战争的人。

数年之后,一个中年汉子走在长安西郊的渭城桥上。

他眼神犀利,胡楂凌乱,脸上留有刀疤。骆宾王活着回来了——在那个"古来征战几人回"的年代。

军人转业,通常都是进公检法系统,骆宾王也一样。到了长安,他做了一名侍御史,协助督导官员。这个官职听起来很厉害的样子,其实就是个正八品小官,人微言轻。

按理说,官虽然不大,毕竟是朝廷京官,有编制的,以骆宾王的才华,稍微灵活一点,慢慢来,肯定会高升的。

可如果是这样,他就不是骆宾王了。

愤青的主要特征就是:看不惯,就开撕。一般愤青面对的只是普通角色,骆宾王是愤青Plus(升级版),他开撕的人,是武则天。

04

那一年,已经到了退休年龄的武则天,还想发光发热。她已经干政二十四年了,离真正的皇帝宝座就差一步。

她废掉她的三儿子——中宗李显,另立她的四儿子李旦为皇帝。为啥选李旦?因为李旦有一项惊世之才:听话。

姜,还是老妈的辣。果然,李旦比李显听话多了,马上给武则天表态:"我当皇帝可以,但我不想管事。"

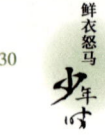

武则天很感动：乖，真是妈妈的好儿子。

不过在睿宗李旦的后半生里，他经常会在某个深夜惊醒，擦一下冷汗，思考那个困扰了他一生的哲学问题：

亲妈还是后妈，这是个问题。

不过这都是后话。当下，武则天已经是实质上的女皇了。任何人，不能说半个不字。比如，有个宰相叫上官仪，写了一篇文章要弹劾武则天，就被抄家杀头了。长安大街上，几个人在喝酒，瞎聊什么"牝鸡司晨，惟家之索"，意思是母鸡打鸣，败家之兆。结果酒还没喝完，一群官差破门而入。

太吓人了！一般人，不敢乱说话。

但是，骆宾王要么给朝廷上书，批评朝政，要么就写诗，明讽暗喻。

在云谲波诡的权力漩涡中，愤怒之路的尽头要么是荣耀，要么是灾难。武则天当朝，正是言论敏感时期，最怕的就是悠悠众口。于是，他莫名其妙下了大狱。

在狱中，骆宾王没有写忏悔信和保证书，而是表示不服，写了一首《在狱咏蝉》：

> 西陆蝉声唱，南冠客思侵。
> 那堪玄鬓影，来对白头吟。
> 露重飞难进，风多响易沉。
> 无人信高洁，谁为表予心？

后四句是说：露水太重，我想飞也飞不高。风太大，我的呼声都沉下去了。这世道，谁能相信我的清白人品呢？

估计他犯的事不大，没到两年，就出狱了，被贬到临海（今属台州），做了一个小县令。

绕了一大圈，居然做了个县令，骆宾王很郁闷。难道就没有建功立业的机会？

有。

一个打算脱离朝廷、独立创业的老板，给他发了offer（聘书），岗位很厉害，是总裁办首席秘书。

这个老板，叫徐敬业。

05

徐敬业大有来头。

他的爷爷叫徐懋功，早年跟着太宗李世民一起打天下，与战神李靖齐名。太宗太宠爱他了，就封他公爵，赐姓李。几十年里，徐家一直是受李唐朝廷宠信的，直到大唐改姓了武。

有句不俗的话，叫"一朝天子一朝臣"。武则天摄政后，徐家的地位一天不如一天，直到徐敬业被贬。他终于爆发了，扛起匡扶李唐的大旗，在扬州搞独立。

新官上任，骆宾王意气风发，一如在当年的西域沙场。既然要讨伐武则天，就需要一篇厉害的檄文。这么重要的文章，让我来！

骆宾王连喝三杯，一挥而就，一篇骂人名文横空出世，就是前文那篇。它的全名叫《为徐敬业讨武曌檄》。

大军终于出征,会青史留名,还是会死无葬身之所,骆宾王并没有把握,毕竟,朝廷军队的战斗力他是见过的。但此刻,他必须给士兵鼓气。

秋风萧瑟,江水寒冽,骆宾王登上城楼,又写了一首五绝:

> 城上风威冷,江中水气寒。
> 戎衣何日定,歌舞入长安。

有没有感受到扑面而来的杀气?

这首《在军登城楼》只有二十个字,但诗意之激越、之悲壮、之质朴、之自信,都齐了。它就像硬派武侠一样,没有花拳绣腿,招招到肉;又像一把匕首,虽然短小,但锋利无比,一点也不次于大刀长剑。

尤其是结尾的"歌舞入长安",清代学者黄叔灿大赞:"五字何等气魄!"

这就是骆宾王,把五绝也写绝了。

06

是时候聊一下"初唐四杰"到底厉害在哪里了。

如果站在初唐的时间点上,往前穿越一百年,就会遇到一位大神,他叫庾信。

没听说过他没关系,只要知道他有个叫杜甫的死忠粉就够了。杜甫是这样仰慕庾信的:"庾信文章老更成,凌云健笔意纵横"以及"庾信平生最萧瑟,暮年诗赋动江关"。

然后,再继续穿越五十来年,又会遇到一个大神,他叫谢朓,字玄晖。

谁还没个死忠粉呀!谢朓的死忠粉,是这样仰慕他的:"蓬莱文章建安骨,中间小谢又清发""玄晖难再得,洒洒气填膺"以及"三山怀谢朓,水澹望长安"。

他的死忠粉,叫李白。

谢朓和庾信,让诗歌在南北朝达到一个顶峰后,就挂了。他们完成了历史使命。如果这时候就有人接过他们的衣钵,唐诗的巅峰会更早出现。

然而并没有。

在诗坛上撒欢的是南北朝另外两个人:梁简文帝萧纲,以及他的弟弟梁元帝萧绎。

平心而论,这兄弟俩才华还是有的,只是他们的口味太独特了。他们也发起了一场文学运动:写艳情诗。有多艳呢,听名字就知道了,什么《咏内人昼眠》呀,什么《夜听妓》呀,什么《荡妇秋思赋》呀,还成批成卷地写。

对了,萧绎的老婆,就是那个"徐娘半老"的女主角徐昭佩。

皇帝喜欢的,肯定上行下效。很快,这种末日狂欢的诗歌,就成了主流文学。由于它主要写宫廷生活,又源于宫廷,所以叫"宫体诗"。

在此后的一百多年里,宫体诗的本质没有改变,只是在"度"上略有收敛,无非是从十八禁变成十六禁,从闺房内变成了庭院里而已。

这种状态一直持续着,直到大唐建立,直到王杨卢骆开始动笔。初唐四杰一扫齐梁诗的萎靡浮华,保留了宫体诗的形式美和韵律,在内容上大胆尝试,追求言之有物。

这种打法很奏效,诗坛格局一新,闻一多称这叫"以毒攻毒"。

从南北朝到唐朝的这一百多年里,诗歌就像处于昏暗的山洞,没有一抹亮色。初唐四杰是四个小孩,他们走进山洞,"嚓",划了一根火柴。火苗很短暂,很微弱,但它点燃了地上的枯草。

火势开始蔓延,不久,吸引过来三个小孩,他们是陈子昂、刘希夷、张若虚(对,就是写《春江花月夜》的那个大神)。火越烧越旺,几十年后,"砰"的一声,引爆了洞里的沼气,变成了熊熊烈火。

在烈火旁站着的,是另外一群小孩。他们几乎在同一时期出生,名字是:王昌龄、王之涣、李白、王维、孟浩然、杜甫……

唐诗大潮,滚滚到来。

当时,有人对初唐四杰表示不服,一向敦厚的杜甫大叔挺身而出:

王杨卢骆当时体,轻薄为文哂未休。

尔曹身与名俱灭，不废江河万古流。

意思是：在当时的文化背景下，王杨卢骆的诗已经很牛了，你们这些"键盘侠"啊，还嘲笑人家文风轻薄。告诉你们吧，你们的诗都会变成渣渣，而四杰的诗，会像江河一样万古流芳。

现在，知道初唐四杰的厉害了吧。

07

看四杰的诗赋，雄健凌厉，汪洋恣肆，但他们的人生却都很悲凉。

王勃乘船在海上遇到风浪，落水而死；卢照邻得了麻风病，连好朋友孙思邈都没能把他治好，最后投河自杀；杨炯终生不得志，还被贬，在孤独悲愤中不到五十岁就死了。

至于骆宾王，他上错了车。

徐敬业失败了，他所谓的匡扶大军，就是一辆没有刹车的战车，况且他还是个渣司机，最后落了个被部下杀掉邀功的下场。

骆宾王从此成为失踪人口。有人说，他也被砍头了；有人说，他在乱军之中溺水而死；还有人说，他九死一生逃了出去，隐姓埋名做了僧人，四处云游。

不管怎样，他都没在战场上建功。

还好，他在诗坛上留了名。

我们不知道，他临死前脑子里会想什么。是二十岁的同学少年？是三十岁那年的大漠风沙？还是四十岁的城楼壮歌？不知道。

或者，仅仅是七岁那年的一群白鹅：

> 鹅，鹅，鹅，曲项向天歌。
> 白毛浮绿水，红掌拨清波。

陈子昂：无敌是多么寂寞

唐诗的江湖上，
也会有黑天鹅事件发生。
它出乎意料，
并产生重大影响。

> 孤单，是一个人的狂欢；
> 狂欢，是一群人的孤单。
>
> ——阿桑《叶子》

01

公元750年的一个秋夜，王昌龄坐在他的职工宿舍里，周身寒彻。

彼时，他那些杀气腾腾的边塞诗，已经越过阳关，穿过阴山，陪着无数将士度过寒冷的长夜。

可是这会儿，他把目光从那些打打杀杀的臭男人身上移开：今夜不关心人类，我只想你。

他想到了女人。

别误会，他只是要写诗而已。

他选了一个特殊的群体——后宫被君王冷落的女人。披衣起身，他写了一组《长信秋词》，其中一首是：

金井梧桐秋叶黄，珠帘不卷夜来霜。
熏笼玉枕无颜色，卧听南宫清漏①长。

深秋寒夜，孤枕难眠。这首诗很好地说明了什么叫"空虚寂寞冷"，堪称宫怨诗的教科书。

在它之后，李益的"似将海水添宫漏，共滴长门一夜长"，刘方平的"寂寞空庭春欲晚，梨花满地不开门"，甚至白居易的"红颜未老恩先断，斜倚薰笼坐到明"，都未能脱离这个套路。

一个边塞文青，有侠骨也有柔肠，可以说相当厉害了。

不过，这可是在大唐。神人辈出，还一个比一个寂寞，神作从来都不缺。

02

一个非著名诗人上场了，他叫张祜。

你可能没听说过他，没关系，因为这货属于不稳定选手，有平庸之作，也有灵光乍现的神作，比如"故国三千里，深宫二十年"。

张祜是个清高孤傲的愤青，跟元稹不和。

当时的皇帝很喜欢张祜的诗，要给他升职加薪，征求元稹意见：

---

① 清漏：原理同沙漏，相当于古代的钟表。

"你觉得张祜的诗怎么样?"

元稹脑子里闪过一个邪恶的小念头,说:"跟我之间,隔了两个白居易吧。"

唉,诗人何苦为难诗人。

张祜都已经做好起飞的姿势了,被一道雷生生劈下来,不得不长期流落在外。

这一年,镇江的金陵渡口,张祜住在山上的旅馆里。夜色如洗,江对面就是瓜州,只有零星的灯光。

寂寞,空灵的寂寞。一首《题金陵渡》瞬间闪现:

> 金陵津渡小山楼,一宿行人自可愁;
> 潮落夜江斜月里,两三星火是瓜州。

在张祜留下来的三百多首诗里,这首是难得的精品。尤其是"两三星火"四字,空灵而自然,寂寞得很文艺、很别致。

但这种寂寞,还不足以让人读了就发狂。因为它还停留在诗的第一境界,"看山是山"。这层境界之上还有一层,叫"看山不是山"。

另一位大神做到了。

03

这就是李白的《独坐敬亭山》。

这首诗非常简单,简单到你读了根本不会多想,搭眼一扫就过去了。它只有二十个常用字:

> 众鸟高飞尽,孤云独去闲。
> 相看两不厌,只有敬亭山。

这首诗的厉害,就在于"看山不是山"。

当时的李白,错过了人生逆袭的大好机会,也是最后的机会,他万念俱灰,一个人来到敬亭山上。想想看,一个人出去爬山,可比一个人吃火锅寂寞多了。况且,那天的山上,连只鸟都没有,白云也飘走了,任何会动的东西都离他而去。

跟他对话的,就剩下那座山。

这就是李白之所以是诗仙的原因,他永远有新意,总是出其不意给你一个surprise(惊喜)。

没有对比,就没有伤害。让我们伤害一下柳宗元。

同样是一个人的孤独游,他的《江雪》是这样写的:

> 千山鸟飞绝,万径人踪灭。
> 孤舟蓑笠翁,独钓寒江雪。

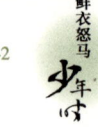

不否认这同样是一首好诗。

只是它太过冲淡，是一个隐士对这个世界的白描，如果没有切身感受，一千多年后的我们，很难体会其中的况味。在城市待久了，甚至会觉得那是一次惬意的度假。

生命力，也是评判诗歌的维度之一。这就是伟大作品和优秀作品的区别。

可是请别忘了，在"看山不是山"之上，还有第三层境界，叫"看山还是山"。没有一定的人生阅历和感悟，是达不到第三层的。

那一年，一个近六十岁的老头出手了，他叫杜甫。

04

那是杜甫生命中最后的时光。

李白、高适、严武一众老朋友接连去世，而他"致君尧舜上，再使风俗淳"的小目标还没有实现。

在从成都回河南老家的水路上，江水奔流，小船浮沉。他走出船舱，手扶桅杆望着星空，一种无边的寂寞感袭来，深入骨髓。

这种情绪简直为诗而来。一杯浊酒下肚，这首气势雄浑的《旅夜书怀》就诞生了：

细草微风岸，危樯独夜舟；

星垂平野阔，月涌大江流。
名岂文章著，官应老病休！
飘飘何所似？天地一沙鸥。

诗的后四句是说：文章写得好有什么用，算了，不做官了，退休吧。想想我这一生，就像一只小小鸟啊。

前四句写景，后四句写情。什么叫情景交融？这就是。

这首诗厉害到什么程度呢？这么说吧，后世只要是解读杜甫的大咖，都会献上膝盖。

明朝人说，"星垂平野阔，月涌大江流"，是李白"山随平野尽，江入大荒流"的终极版，除了杜甫，谁都写不出来。

超级大毒舌金圣叹评价："千锤万炼，成此奇句……"

苏东坡倒是没有点赞，而是默默写下了："小舟从此逝，江海寄余生。"

为什么说只有杜甫能写呢？并不是说他比所有诗人都厉害，而是杜甫的经历，其他诗人都没有。

翻开杜甫的一生，每一页都写着两个字：寂寞。还不是一点点寂寞，而是像"无边落木萧萧下"，像"不尽长江滚滚来"。

不过，在我看来，《旅夜书怀》仍然不是最寂寞的唐诗，因为我们终其一生可能都不会有那种经历，很难体会到什么叫深入骨髓的寂寞。

唐诗的江湖上，也会有黑天鹅事件发生。它出乎意料，并产生重大影响。几乎与杜甫《旅夜书怀》同时期，一首更能扎心的"黑天鹅"诗出现啦。

05

那一年,一个清贫的小诗人,从长安出发了。他要到吴越一带,做一名小官。关于他的生卒年月、生平事迹我们一概不知,只知道他的名字——张继。

他拿出的作品,是每个中国人都很熟悉的,叫《枫桥夜泊》:

> 月落乌啼霜满天,江枫渔火对愁眠。
> 姑苏城外寒山寺,夜半钟声到客船。

这首诗非常简单,简单到不需解释。其实,只要你一解释,这些文字就会变得索然无味。就像你非要把一个琉璃杯打碎来研究成分,只能得到一堆玻璃碴。

张继去世得很早,一生流传下来的诗只有三十多首。这首《枫桥夜泊》不仅在中国出名,还被日本选入小学课本。

当然,张继最大的功劳,是为苏州的旅游事业做出了巨大贡献。

一首诗越是被大众认可,越说明它旺盛的生命力,从这点看,《枫桥夜泊》所谓的千古绝唱,就绝在这里。

它的寂寞,能让你感知得到。

可以想象,写完诗的那一刻,张继一定是站在船头吼了一声:

还有比这更寂寞的诗吗?

这时,会从半空中传来一个声音:有。

那声音穿过了五十多年的时光,低沉而浑厚。

06

让我们把时针向前拨,从盛唐回到初唐。一个叫陈子昂的大神,正站在唐诗的十字路口:让你们见识一下,什么叫独孤求败!

他拿出的作品,就是那首大家都很熟悉,但都不太理解的《登幽州台歌》:

> 前不见古人,后不见来者。
> 念天地之悠悠,独怆然而涕下。

这是一首最容易被低估的诗。先不急着解释,来说一下,这首诗在唐诗江湖上的地位。

彼时,大唐刚刚过完五十周年华诞,大boss(老板)是女皇武则天。整个诗歌江湖,很崇尚浮华,出现了大量的"宫体诗"。这类诗可以简单理解成"赞歌",写的都是"我大唐帝国多么牛""皇帝陛下多么圣明""山河多么壮丽""人民多么幸福"等等。

这个时候,初唐四杰出现了。虽然这"四大天王"写出了很多好诗,但王勃死得太早;杨炯人微言轻;卢照邻自己还没有摆脱浮夸风;骆宾王更指望不上,早参加叛军去了。

唐诗的春风,一直没有吹来。

之后,历史又选择了一个人,就是陈子昂。当时,他做着一个不大不小的官——幽州军团参谋。

他先是倡导文风改革:要摒弃齐梁诗歌的浮华,继承汉魏风骨,写文章要说人话。

然后又向武则天提议,不要任用不懂军事的武攸宜做大将军。武攸宜是武则天的侄子,她没有同意。果然,武攸宜完美地诠释了什么叫猪队友,他大败而归,还牺牲了先锋官王孝杰。

没过多久,陈子昂就在政治斗争中被降职了。

这一天,下着蒙蒙细雨,他登上幽州台。远处,是已经被契丹攻陷的城池。他郁闷极了:唐诗改革,没人理我,杀敌卫国,也没人理我。比我寂寞的,还有谁?

这就是《登幽州台歌》的诞生。

这首诗也不需要解释,只需纠正一种误解。"前不见古人,后不见来者",意思不是"前无古人,后无来者",而是我既看不到古代的大神们,也看不到后来的大神们,他们也都看不到我。

这是跨越时间、空间,与天地时空的对话。

这该是怎样的寂寞!甚至连"幽州"这个地名,都让人觉得寂寞。

如果说张祜的寂寞是一座渡口,李白的寂寞是一座山,杜甫的寂寞是一江水,张继的寂寞是一阵钟声,那么,陈子昂的寂寞,就是一个小宇宙。

陈子昂四十出头就去世了,他没有看到唐诗的春天。

但在整个唐诗的长河里,他就是历史转折中的先驱。在他之后,唐诗才开始迎来万物生长的时代。李白、杜甫、王维们,才开始打磨出唐诗的性感光芒。

现在发现了吧,"想留不能留"才不是最寂寞。无敌,才是最寂寞的。

高适乐观，杜甫悲观，李白颠覆三观

人生的逆袭或落魄，
都是有原因的。

公元757年，高适发达了。

他做了淮南节度使，真正的地区一把手，很快就要当上散骑常侍，也就是皇帝的贴身顾问，三品大员。

可李白和杜甫，这一年特别糟心。

杜甫大叔丢了工作，四处流浪，房租都交不起。

李白更惨，正在流放夜郎的路上，就是要去贵州。要不是后来遇到大赦，我们的课本里还会增加一首要背诵的诗，叫《望黄果树瀑布》。

曾经，这三个老男孩一起"论交入酒垆""裘马颇清狂"，那时一定不会想到，多年以后他们走到了三个极端。

高适是怎么实现逆袭的？曾经一起喝酒撸串的老铁，为啥别人都在纳斯达克敲钟了，李、杜还到处投简历？

当把这三人的历程放在一起对比时就会发现，人生的逆袭或落魄，都是有原因的。

01

端倪在他们年轻时就有了。

年轻时的杜甫,跟后来我们认识的杜甫完全是两个人。年轻时他也到处浪,很狂傲,落榜后觉得玩得不过瘾,制订了长期旅游计划,去齐鲁大地。那时候的小杜还没体会到中年的焦虑、现实的艰辛,他信心满满,"会当凌绝顶,一览众山小"。

李白就更不用说了,一个实力派旅游达人,他偏偏玩出偶像派,灵魂和肉体一直在路上。

"峨眉山月半轮秋,影入平羌江水流""天门中断楚江开,碧水东流至此回",所谓盛唐气象,他年轻时就开始吞吐了。

看看李、杜的旅行轨迹,会发现他俩目的性不强,在哪儿玩不重要,只要不在家待着就行。而高适完全不同,他的目的清晰明确。

二十来岁,他到了长安,找不到工作,二话不说就去了燕赵边塞。燕赵重镇在幽州,就是现在的北京,大唐的"雄狮"和北方的"狼族"正在那里肉搏。

他看到火照狼山,战鼓雷鸣,白刀子进去,血在朔风里纷飞。

他看到百花深处的老情人,缝着绣花鞋,等着出征的归人。

勇敢的士兵穿着腐朽的铁衣在杀敌,而将领竟然在军帐里搞美女派对……

高适的内心是复杂的。所以就有了这首情绪复杂的大作《燕歌行》:

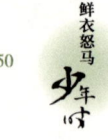

>汉家烟尘在东北,汉将辞家破残贼。
>男儿本自重横行,天子非常赐颜色。

将士们打仗很猛,朝廷重重嘉奖。

>山川萧条极边土,胡骑凭陵杂风雨。
>战士军前半死生,美人帐下犹歌舞。

契丹人也很猛,仗打得很艰难,可有些将领太腐败了。

>铁衣远戍辛勤久,玉箸应啼别离后。
>少妇城南欲断肠,征人蓟北空回首。

军嫂们在家苦等,她们的男人再也回不来了。

>相看白刃血纷纷,死节从来岂顾勋?
>君不见沙场征战苦,至今犹忆李将军。

这些大唐好男儿真心不怕死,只是很可惜,他们没有遇到李广、李牧这样的大将。(潜台词:很显然,我就是这样的大将。)

这首诗完全暴露了高适的性格,沉稳持重,眼光锐利,有难得的克制力。要是李白来写,肯定是另一番模样。

唐诗虽然是中国文学的一座高峰，但在当时，朝廷更重视武力。所以杨炯说"宁为百夫长，胜作一书生"，岑参说"功名只向马上取"，李贺说"请君暂上凌烟阁，若个书生万户侯"。

这些，李白、杜甫不可能不知道，只是他们真的只是诗人，吹不惯大漠朔风，见不得人头滚滚。

写这首《燕歌行》时，高适三十四岁，已经向诗坛发出了自己的定位：

我的未来在战场。

02

高适第二个特征，是非常务实。从一件事上就可以体现。

在唐朝，县尉是个很小的官，大概九品，属于基层公务员。

那时候一个县人口很少，过万人就算不错的县，有的县才几千人。县令（县长）、县丞（副县长）负责安排工作，县尉去执行，抓坏人、收赋税、维持治安啥的，都是脏活累活。

做好一个县尉，需要两大技能：对上层往死里拍马屁，对下层往死里镇压。这样一个岗位，所有的诗人都不愿意干。

杜甫曾有过一个当县尉的机会，在河西县，可是他说"不作河西尉，凄凉为折腰"，真心干不来，他宁愿去兵器仓库当管理员。杜甫不是不会低头，"朝叩富儿门，暮随肥马尘"的事儿他也干过，但就是不愿意为了诗和远方，在县尉岗位上苟且一下。

换作李白会干吗？更不会，他是要做"帝王师"的。在玄宗眼皮子底下上班，都能"天子呼来不上船"，喝酒、旷工。一个小小的县尉，收入不够他买酒。

可是高适干了。

> 只言小邑无所为，公门百事皆有期。
> 拜迎官长心欲碎，鞭挞黎庶令人悲。

这首《封丘作》，就是他做封丘县尉时的心情笔记。这个岗位，杂事很多，简直是浪费生命，每天要拜迎长官、鞭打百姓。

他干得很痛苦。

但高适是知道的，这只是个小目标，"屈指取公卿"的大理想，得一步一步来。

果然，正是做县尉的这段基层历练，让他得到了另一个机会。

一个叫哥舒翰的河西节度使（就是"北斗七星高，哥舒夜带刀"的男主）给他发了offer。哥舒翰文武双全，是朝廷特别倚重的一员猛将，主管河西、陇右两大地区军政。

这正是高适梦寐以求的。他赶紧奔赴前线，做了两个地区的掌书记。这个职位类似于机要秘书，一旦有战争，是个很容易立功的岗位。

真是太巧了，唐朝最大的战争马上就要开打，这就是聊唐诗不得不说的安史之乱。

03

安史之乱开始后，高适跟李、杜对战争的反应，也完全不同。

杜甫是马上回家，先把老婆孩子安顿好，然后跑到唐肃宗的新政府寻找机会，做了左拾遗。他力挺的，是一个叫房琯的人。

杜甫知道什么是好诗，但不知道什么是好大将。

房琯好大喜功、言谈浮夸，把四万政府军都折在战场上。唐肃宗要革房琯的职，而杜甫不顾生死、不分立场出面营救。在唐肃宗看来，老杜同志是分不清轻重的，一点政治素养都没有，算了，写你的诗去吧。

李白情况类似，他带着老婆从宣城一路南下，跑到浙江、江西，一边逃难，一边寻找新机会。病急乱投医，上了永王李璘的贼船。

我不是要黑李、杜，而是说他俩真的只是诗人，他们的表现，有普通老百姓对战争的恐惧，也有对复杂政治环境的迟钝。

高适不一样。

他跟着哥舒翰抵抗叛军，几经生死。最后哥舒翰战败，投降了安禄山。

高适没有跟着投降，他骑上一匹快马，追上正在逃亡四川的唐玄宗。

玄宗："高书记，快给我说说前线的情况。"

高适："我上司哥舒翰投降是不对，但打败仗是有原因的。他已经退休了，身染重病，你还让他去打仗。士兵长期没有训练，刀枪都

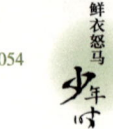

生锈了,也不发军饷,这仗怎么打?"

玄宗:"不是有十万大军吗?"

高适:"老板,你读过杜甫的《兵车行》《石壕吏》吗?老头老太太都拉上战场啦!"

玄宗一脸忧虑:"咋整?"

高适:"赶紧把国库的钱拿来,招好兵、买装备。"

玄宗:"我已经让我的孩儿们分镇各地了,守住城池,以后那都是他们的封地,这一招妙不妙?"

高适:"妙个屁,就算仗打胜了,大唐跟藩镇割据有什么区别?……"

玄宗:"高书记啊,虽然你说话很难听,但很有见地,你就做谏议大夫吧。太子李亨已经强行上位了,我老了,玩不动了,你去帮帮李亨吧。"

灵武县,唐肃宗李亨议事堂。

杜甫:"老板,李白是个好人,肯定不会谋反啊。"

肃宗:"永王是我最疼爱的弟弟,他也是个好人。"

杜甫:"说不定,李白是被胁迫的呢?"

肃宗:"'试借君王玉马鞭,指挥戎虏坐琼筵。南风一扫胡尘静,西入长安到日边。'被胁迫的,能写出这么好的诗?"

杜甫:"他是个天才……"

肃宗:"别说了!高适,你说。"

高适瞄了一眼杜甫,无奈地摇摇头,向前一步。"老板,永王是不是谋反我不知道,但我知道他绝对会战败。"

肃宗露出了微笑："老高，你说说看。"

高适噼里啪啦一通技术流分析……

肃宗非常高兴："讨伐永王就你了，这是淮南节度使大印，接着。"

走出门外，杜甫、高适对视。

杜甫："二哥，还记得大明湖畔的三兄弟吗？"

高适神秘一笑："兄弟保重。"

以上对话是我脑补出来的，但大致的历史脉络就是这样。

杜甫站队房琯，李白为永王呐喊，都是看不清政治形势，这能"致君尧舜上"吗？能"为帝王师"吗？

其实就人脉资源而言，李白的朋友圈可谓藏龙卧虎，文坛政坛军界通吃。

比如，他早年曾出手救过一个小军官，谁也没想到，这个小军官后来人生逆袭，安史之乱中收复两京，接着两次打败吐蕃，力挽狂澜，救大唐于危难。

后来他拿到臣子界的奥斯卡——丹书铁券，画像凌烟阁，被称为"再造王室，勋高一代"，他的名字叫郭子仪。

这个大腿够粗吧，可李白没有抱，愣是挽住了永王的小胳膊。

而高适，先入哥舒翰幕府，后坚决不降，千里追玄宗进谏，直到为肃宗平叛。每个节奏都踩得精准，简直是个"太鼓达人"。

对于朝廷，他们最大的区别是，李白杜甫只能锦上添花，高适却是雪中送炭。

04

另外,性格决定命运。

高适乐观,杜甫悲观,李白颠覆三观。

杜甫骨子里是悲观的,悲天悯人,一草一木都是他的心头肉。

"天边老人归未得,日暮东临大江哭。"回不了家,哭。

"少陵野老吞声哭,春日潜行曲江曲。"山河破碎,哭。

"戎马关山北,凭轩涕泗流。"登个岳阳楼,哭。

"剑外忽传收蓟北,初闻涕泪满衣裳。"太高兴了,哭。

"牵衣顿足拦道哭,哭声直上干云霄。""夜久语声绝,如闻泣幽咽。"也见不得别人哭。

"感时花溅泪,恨别鸟惊心。"花花草草跟我一起哭。

连夸李白,也是"笔落惊风雨,诗成泣鬼神"。

杜甫的才华,是从泪腺里流出来的。对他来说,男人哭吧不是罪,是诗。

李白的性格,是太狂、太极端,狂到颠覆三观。想好好活着的人,是不敢轻易用他的。

"千金骏马换少妾,醉坐雕鞍歌落梅。""落花踏尽游何处,笑入胡姬酒肆中。"美酒美女,我都爱!

"我本楚狂人,凤歌笑孔丘。"孔子算个毛啊!

"仰天大笑出门去,我辈岂是蓬蒿人。"你们算个毛啊!

"黄金逐手快意尽,昨日破产今朝贫。""五花马、千金裘,呼儿将出换美酒……"钱算个毛啊!

"且乐生前一杯酒,何须身后千载名?"名声算个毛啊!

"安能摧眉折腰事权贵,使我不得开心颜。"权贵算个毛啊!

"仙人如爱我,举手来相招。"我就不稀罕跟你们地球人玩。

有没有觉得这些诗句,真的是神鬼莫测?杜甫说他"诗成泣鬼神",不算太夸张。

这样的人,还让他做什么工作!只能在盛唐的土地上把他供养起来,还得是散养,他想干吗就干吗吧,只要别让他每天打卡考勤。

高适四十八岁才有了县尉这个正式工作,五十二岁才进了哥舒翰幕府,按理说,他也完全可以郁闷、买醉、痛哭,可他不是那样的人。

他骨子里有军人的刚毅。

他有一类送别诗,都是在落魄中写的。甚至他回到河南商丘种地,穷得要借钱吃饭了,还在每首诗里写满迷之自信:

"举头望君门,屈指取公卿。"出将入相,早晚的事。

"丈夫不作儿女别,临歧涕泪沾衣巾。"大丈夫,别像小儿女一样哭哭啼啼。

"莫怨他乡暂离别,知君到处有逢迎。""离魂莫惆怅,看取宝刀雄。"写给朋友,也是写给自己。

"王程应未尽,且莫顾刀环[①]。"这是在战场上写的,给自己打

[①] 刀环,即刀头上的环,古时"还归"的隐喻。

鸡血,事业尚未成功,千万不能回去。

"圣代即今多雨露,暂时分手莫踟蹰。"机会一定有的,别犹豫。

当然,还有那句著名的"莫愁前路无知己,天下谁人不识君"。

自信的人,对未来会有一种掌控感。安史之乱爆发前夕,他好像有预感一样,写了一首《塞下曲》:

万里不惜死,一朝得成功。
画图麒麟阁,入朝明光宫。

一生辗转沙场,一朝获得成功。虽然没有画像麒麟阁,但他赢得了玄宗、肃宗和代宗三代君王的信任,官越做越大,最后还被封了渤海县侯。

高适,实在是高。

05

如果再深挖一层,高、李、杜三人表面上都是诗人,却压根有完全不同的底色。他们能成为朋友,全靠在诗文层面的彼此认同。

杜甫是儒生,是纯粹的文人。他的爷爷杜审言,就是初唐的大诗人,也是个狂妄的老头。杜甫最引以为傲的家底,即所谓"诗是吾家事",写诗这事儿啊,是我家祖传的手艺。

杜甫，就是为诗而生的。

李白是道教徒，讲究的是无为，是自然，是修道成仙，所以李白是飘逸的，是鄙视人间烟火的。

当时的道家思想，就是放飞自我，美女、美酒、剑术、嗑药，游山玩水，纵横四海。"人生得意须尽欢"，我不成仙谁成仙！

李白，也是为诗而生的，先天性工作过敏体质，做不了官。

高适的爷爷曾经也是一员大将，到他父亲这代，开始家道中落。高适小时候，是在极度贫困中度过的，甚至还乞讨过。但他貌似遗传了爷爷的战斗基因，"喜言王霸大略"，一辈子痴迷战场。

他更像是法家的信徒，鄙视道家的"无为"，也不屑于儒家的"穷经"，他是行动派，要法度、要重武、要强国。

这有点像岳飞、辛弃疾，会写诗，但不能只会写诗。

或许他从来就不是一个诗人，而是一个军政大牛。只是碰巧，他随手一写，也是好诗。

盛唐,那一场吐槽大会

这些诗不仅没有抹黑唐朝形象,反而散发着大唐最性感的光芒。

01

　　大雪纷飞,长安裹了一层诗意。

　　朱雀大街的一家酒楼,进来三名男子。他们气度非凡,谈笑风生,径直走向靠窗的座位。

　　乍一看,这是三个成功人士、社会精英,可如果细看,从他们皱巴巴的素袍上,能看出落魄的痕迹。

　　最年轻的那位叫高适,皮肤黝黑,一个月前,还在河南老家的庄稼地种麦子。穿青袍的叫王昌龄,刚刚做了江宁县丞,官俸微薄,是个月光族。年长的那位一身白袍,腰间斜插一支羌笛,他已经辞官多年,名叫王之涣。

　　此刻,三人一边落座,一边争论着一个话题。

　　高适:"说了半天,到底谁才是老大呀?"

　　王之涣:"当然是我咯。"

　　王昌龄伸手打住。"我不服!"

　　店小二满脸堆笑,快步走来,高适一把抓住小二的手。"来,小哥你说,我们三个谁是老大?"

店小二两手一抱。"三位爷,谁当老大我不在乎,我只想知道,谁埋单?"

三人对视,空气冷却了三秒钟。

王昌龄摸出四文大钱。"温一壶酒,要一碟茴香豆……"

店小二:"客官,我们不是咸亨酒店。"

高适赶紧解围,只见他右臂一扬,手伸进袍子下面一通乱摸,竟掏出一支狼毫湖笔。"丈夫贫贱应未足,今日相逢无酒钱。小哥,能赊个账吗?"

店小二摇摇头。"别以为你是诗人我就不敢轰你。"……

说话间,丝竹鼓乐传来,酒楼的重头戏开场了,薄纱飘摇,映出一群歌伎的曼妙身影。

"啪"的一声,王之涣把信用卡拍在桌上。"赶紧上酒,不差钱。"

店小二识趣退下,歌伎们缓缓登场。

02

先是暖场节目,比男人还爷们儿的梨园姑娘一通杂耍,青衣长剑,虎虎生风。

王昌龄抿一口酒,提议道:"谁是老大,咱们说了不算。一会儿歌伎小姐姐们上台,唱谁的诗多,谁就是老大,如何?"

高适:"这个好。"

王之涣哈哈大笑:"走着瞧。"

几杯酒下肚,只听满堂喝叫,口哨声起,一个小姐姐走上舞台。

她身披薄纱,长裙拖地,头发绾成高髻,上插一朵粉红牡丹,那是长安最流行的装束。丝竹声起,小姐姐唇红齿白,声音带着忧伤,只听她唱道:

> 寒雨连江夜入吴,平明送客楚山孤。
> 洛阳亲友如相问,一片冰心在玉壶。

头一句尚未唱完,王昌龄就斟满一杯,像在品酒,又像在品歌。一曲结束,他拿起粉笔,在墙上工工整整画了一道。"我,一首啦。"

又一位小姐姐上场了。她梳着椎髻,身披锦帛,"拂胸轻粉絮,暖手小香囊"。一开口,声音让人黯然销魂,她唱的是:

> 开箧①泪沾臆,见君前日书。
> 夜台今寂寞,犹是子云居。
> ············

高适也将酒一饮而尽,笑声里裹着边塞的风沙:"不好意思,我也一首了。"

第三个歌伎也上场了,众人一片欢呼。显然,这是一位网红,她

---

① 箧(qiè),小箱子。

的服装打扮与前两位没有太大区别,只是手里多了一把团扇。

团扇姐姐一开口,王昌龄又笑了,因为她唱的是:

> 奉帚平明金殿开,且将团扇共徘徊。
> 玉颜不及寒鸦色,犹带昭阳日影来。

多么空虚寂寞冷的画面啊,这正是王昌龄火爆长安的青楼必点金曲——《长信秋词》。

王昌龄更得意了,在墙上又添了一道,冲王之涣说:"我,两首了。"

王之涣淡定依旧,扫一眼台上,又瞄一眼墙上,轻轻吐出一个字:"俗。"

"什么俗?"王昌龄逼问。

"姑娘俗。"

"俗人也不唱你的诗呀。"

王之涣饮完一杯,胸有成竹。"这些姑娘都没品位,看到那个头牌了吗?"

高适、王昌龄顺着王之涣的目光望去,舞台一侧,今天压轴的歌伎即将登场。

"如果这位头牌不唱我的诗,我就认怂,要是唱了,你俩就向我磕头拜师吧。"

高适、王昌龄是什么人物?边塞大神!会怕这个?就这么定了。

琴瑟齐鸣,震天的欢呼声中,头牌缓缓登场。

03

  这位姑娘一袭白衣，不施粉黛，全身唯一的艳色是她天然的嘴唇，姿态婀娜，宛若天女下凡。掌声平息，她以清亮的嗓音唱道：

  黄河远上白云间，一片孤城万仞山。
  羌笛何须怨杨柳，春风不度玉门关。

  一曲结束，全场静默，而后掌声雷鸣。这首金曲，正是王之涣的《凉州词》。
  "服吗？"王之涣问。
  "不服。"
  "我也不服，兴许是运气呢。"
  说话间，现场狂欢未歇，众人大叫：再来一个！再来一个！姑娘接连又唱了两首，还是王之涣的诗。
  "服吗？"王之涣又问。
  "今天我俩埋单，师父。"
  王之涣又是一阵爽朗大笑："今天，不用埋单。"
  话音未落，刚才那位头牌小姐姐，已带着众姐妹走来，到三人面前，低头便拜："三位哥哥，能一起喝个酒吗？"

04

熟悉唐诗的朋友可能知道,这个故事叫"旗亭画壁",旗亭就是当时的酒楼。

大家听这个故事,往往为这三个男人的才华所吸引,对诗的背景不太关心。其实,这场看似风流潇洒的诗歌酒局,本质上是一场吐槽大会。

下面一首首看来。

当时正值开元盛世,大唐如日中天,看不出一点衰败的迹象。然而,鲜花着锦的袍子里,棉絮已经有了腐败的气息。

王昌龄的第一首诗,叫《芙蓉楼送辛渐》,这是对官场的吐槽。

众所周知,王昌龄是边塞诗人,因为他二十多岁就从军了,去沙场磨炼。然后到长安,先考中进士,再考进博学宏词科,类似于考完硕士又拿下博士,相当厉害。

可是朝廷只让他做了一个小县尉,多年不给升职,最后他还被贬到十分偏远的湖南的龙标。宝宝心里苦啊。李白有诗"杨花落尽子规啼,闻道龙标过五溪",就是写给王昌龄的,这时候他的称呼,是"王龙标"。在龙标之前,他还曾被调往江宁做县丞。火车票攒了不少,就是不升职。

在去江宁赴任的路上,镇江芙蓉楼下,王昌龄要跟那个叫辛渐的好友分别了:哥们儿,洛阳的朋友如果问起我,就说我一片冰心,不会在官场上变油腻。

千百年来，这首诗最出名的就是这后两句。其实从才华指数上，我觉得"寒雨连江夜入吴，平明送客楚山孤"更高。寒雨连江，楚山孤立。品品这意境，写个景都能把人写哭，"诗家夫子"的抬头不是白拿的。

王昌龄是条硬汉，不知道那天哭了没有，反正高适在送别朋友时真哭了。因为他的朋友死了。

这个死去的朋友，叫梁洽，在家排行老九。高适那首诗，就叫《哭单父梁九少府》。

梁洽是一个比悲伤更悲伤的故事。他是个超级复读生，考了好多年，熬了无数个夜晚，才考中进士。职场第一份工作，是山东单父县尉。可上任没多久，就因病去世，命运很悲惨。

还好，他有高适这样的朋友。

"开箧泪沾臆，见君前日书。"打开书箱，看到你写的信，好伤心啊。

"夜台今寂寞，犹是子云居。"你在地下，一定很寂寞吧。你的家，也像扬雄的家一样，冷冷清清。

这里有必要解释一下"子云"。子云，是西汉辞赋大咖扬雄的字，他留给世人的印象就三个：高冷、有才、穷。所以，后世文人只要觉得自己是扬雄体质，都会拿他说事。比如杜甫，写简历说自己"赋料扬雄敌，诗看子建亲"——我的才华，跟扬雄、曹植一样厉害。孟浩然发牢骚："乡曲无知己，朝端乏亲故。谁能为扬雄，一荐甘泉赋。"——我空有扬雄一样的才华，可惜没人引荐。刘禹锡被社会碾压，也拿扬雄说事："南阳诸葛庐，西蜀子云亭"，"何陋之有?"李白更厉害,族叔评价他:"驰驱屈、宋,鞭挞扬、马。千载独步,唯公一人。"——屈原、宋玉、扬雄、少年怒马……哦不,是司马相如,都被你超越啦!

再回到梁洽,在这首诗里,高适还写道:

> 常时禄且薄,殁后家复贫。
> 妻子在远道,弟兄无一人。

没权没势,做了小官也照样穷。终南山超级大别墅,万两黄金,都不属于高适、梁洽们。描写这种阶级矛盾,当时的高适笔力还不够,要到十几年后,杜甫用一句话概括:"朱门酒肉臭,路有冻死骨。"

高适哭梁洽,满满都是槽点,朝廷?社会?还是命运?或许都有。

男人不容易,那女人呢?

也不容易。

05

王昌龄的第二首诗,叫《长信秋词》,是宫女的吐槽。

这首诗的信息量太大,读之前,有必要先了解一下唐玄宗的私生活。

白居易爆过一个料,叫"后宫佳丽三千人",其实老白很厚道了,"三千"可能只是为了艺术美感,从数量看,也就是兴庆宫一个

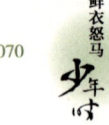

宫。算上大内、大明宫，以及东都洛阳的大内、上阳宫，总共有多少呢？说出来吓死人，妃嫔加宫女，四万人。

这么多女人，玄宗当然忙不过来，于是他发明了一个游戏，叫"随蝶所幸"。开元后期，每到春天，唐玄宗就在宫中举办大型宴会，让嫔妃们在头上插满鲜花，玄宗捉一只蝴蝶放飞，蝴蝶落在哪个嫔妃头上，她就能得到皇帝的宠幸。一个嫔妃的命运，很可能被一只蝴蝶改变。

这是中国古代版的"蝴蝶效应"。

王昌龄关注的，就是连蝴蝶都不待见的那个群体，叫"宫廷怨妇"。

所以这类诗，叫宫怨诗。

诗名既然是《长信秋词》，故事就发生在长信宫里。话说汉成帝有个妃子，叫班婕妤，一开始很受宠，后来汉成帝移情别恋，喜欢上了赵飞燕、赵合德姐妹，班婕妤就进了长信宫。一年又一年，空虚寂寞冷。

据说班婕妤写了一首《怨歌行》，最后四句是：

> 常恐秋节至，凉飙夺炎热。
> 弃捐箧笥中，恩情中道绝。

她很害怕自己就像那柄团扇，秋天一来天气转凉，就用不上了，丢弃在箱子里，恩断情绝。

《长信秋词》其实是一组五首诗，歌伎唱的是其中一首。再读一遍，就很容易理解了：

> 奉帚平明金殿开，且将团扇共徘徊。

玉颜不及寒鸦色，犹带昭阳①日影来。

她住在长信冷宫。早晨殿门打开，拿着扫帚打扫卫生，闲下来，手持团扇徘徊，度过漫长的一天。再漂亮有什么用呢？还不如那只乌鸦，它刚从昭阳殿飞来，羽翅上还带着那里的阳光，和君王的气息。

虽然唐玄宗比汉成帝英明得多，但并不妨碍他给嫔妃宫女这个群体播下的怨气。蝴蝶可以双飞，乌鸦可以单飞，玄宗能怎么飞！

所以对这种事，王昌龄也很无奈，只能写得这么委婉。

06

最后是"春风不度玉门关"。这首《凉州词》，对其含意、江湖地位无须解释，历代几乎所有唐诗读本、名家大咖，把赞美的话说尽了。

如果它是一颗珍珠，不妨看看它诞生的背景。

唐史领域一直有个争议话题，唐玄宗时期是不是穷兵黩武？这属于战争动机的范畴，暂不讨论。反正仗是打了，跟南诏、跟吐蕃、突厥、契丹，各种互殴，今天这个跪下叫爸了，明天那个又喊你孙子了，像打地鼠游戏。

打仗这么苦，朝廷能做好抚恤工作也行呀，然而并没有。唐玄宗的后半生，废寝忘食，净忙着研究"蝴蝶效应"了。后来又专宠杨贵

---

① 昭阳：指昭阳殿，当时赵飞燕的居所。

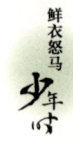

妃，更无心国事。军队、人民和朝廷的矛盾越来越尖锐。

有的士兵，十五六岁去北方打仗，四十岁打不动了，又被派往西线的军田。杜甫有诗："或从十五北防河，便至四十西营田。去时里正与裹头，归来头白还戍边。"

在军营里也不好过："战士军前半死生，美人帐下犹歌舞。"

军嫂也是一肚子怨气："忽见陌头杨柳色，悔教夫婿觅封侯。"

要是战死了呢？对不起，没有抚恤金，甚至官府连派人慰问一下都没有。玄宗后期，初唐那种"宁为百夫长，胜作一书生"的青春荷尔蒙指数直线下降。

现在再看王之涣的吐槽："羌笛何须怨杨柳，春风不度玉门关。"典型的春秋笔法：前线的兄弟们啊，你们整天吹那幽怨哀婉的《杨柳曲》有啥用！君王的春风，是吹不到那里的。

话分两头。吐槽归吐槽，自古愤怒出诗人。相比明清文人，大唐的愤青们活得痛快多了。这些诗不仅没有抹黑唐朝形象，反而散发着大唐最性感的光芒。从这个角度讲，吐槽，是唐诗的第一生产力。

开篇那场吐槽大会，出自唐人薛用弱的《集异记》。看结尾，只能说王之涣太狂啦。

我可以不负责任地告诉你，真实的结尾是这样的：

三大才子被这一群歌伎拥进总统套间，各种免单，求签字、求新诗、求带，并再次确立王之涣的大哥地位。

三人大醉一晚，歌舞狂欢。临走时，王昌龄把那名头牌姐姐拉到一旁：

"姑娘，'秦时明月汉时关'，要不要了解一下？"

王维：没见过风起云涌，哪来的风轻云淡

盛世中，
他烈火烹油；
乱世里，
他冷静清醒。

01

那一年,经历了安史之乱的大唐,刚刚平静下来。

长安郊区,终南山下,一栋别墅的大门紧闭。

一群人围在门外。有的人还带着被子,明显在这里等了一宿,脚下放着一块牌子,写着:代排队,十两银子。

天已大亮,人群开始出现焦躁情绪,交头接耳。

忽然,门开了。一个书童手持垃圾桶,将一堆废纸倒在门外。人群蜂拥而上,瞬间抢光。

有的人大喊:哇!是一幅画,《辋川图》草稿,我发财啦。

有的人喊:"空山不见人,但闻人语响",哇,是诗稿。

还有人喊:居然是曲谱!我儿子的琵琶可以过八级啦,噢耶。

当然,有一些人很失望,打开纸团一看,上面写着"狗仔队去死",或者Wi-Fi(无线网络)密码之类。

一个时辰后,人群慢慢散去,别墅门口恢复宁静。

一个大叔推开大门,倒掉茶渣,瞄了一眼被人群踩坏的草坪:哈怂,老夫想得个清净都不行。

这栋别墅,叫"辋川别业"。这位大叔是主人,他叫王维。

02

众所周知,在任何时代,"鸡汤文学"都有市场。

王维的山水田园诗,也一直被当作一锅老鸡汤。人们盘着手串,端着茶杯,念两句"行到水穷处,坐看云起时",然后在国产压路机的声响中睡去。第二天醒来,内心依然肿胀。

可是,王维的诗,并不是这么读的。

那一年,十五岁的王维从山西老家到长安求取功名。跟他的煤老板老乡不同,王维一开始就立下了自己的志向:

我要用才华征服世界。

他没有吹牛。自九岁起,王维就精通诗、书、画,业余时间还玩琵琶。别的孩子还在看动画片,小王维已经是尖子生了。十七岁,别的孩子还在读优秀作文选,王维已经凭借"每逢佳节倍思亲",晋级一线网红。二十岁,王维的人生已经开挂。在诗坛,他抛出了清新的"红豆生南国,春来发几枝";在画坛,他的作品超越很多老前辈,屡创在世画家拍卖纪录;在歌坛,他的《郁轮袍》红遍大江南北,从广场舞到"大唐春晚",都是压轴曲目。

他,是一个全能选手。

而他的朋友圈,也从中产阶级,延伸到名流阶层。玄宗的兄弟宁王、薛王、岐王，妹妹玉真公主，都为他站台。大唐天王级歌手李龟年，都以唱他的词为荣。

而此时的李白、高适、孟浩然们，还在到处投简历，杜甫小朋友还正在课桌上刻"早"字。

在一众大佬的推荐下，王维顺利保送状元。大唐的夜空中一颗新星冉冉升起，散发着性感的光辉。

每到夜幕降临，长安市民家里都会传来骂孩子的声音：看看别人家的孩子。

看到这里，是不是特别羡慕嫉妒恨：我怎么没王维的才华？

别急，还有让你更羡慕的。

03

自魏晋到隋唐，中国有五大名门望族：崔、李、卢、郑、王。其中崔姓有两支，李姓有两支，共七门，简称：五姓七望。

名门子女结婚，讲究门当户对。不然就算你在长安有五套房，也娶不到他们家姑娘。

在山西运城，一个王家的小伙子，和一个崔家的姑娘结婚了。他们的大儿子，就是王维。与王维同属太原王氏一族的，还有王勃、王之涣、王昌龄。

所以，如果你穿越到唐朝，碰到姓王的和姓崔的，千万不要乱叫"老王""小崔"，不然后果很严重。如果你邻居碰巧是"隔壁老王"，也一定要搞好邻里关系。

总之，高贵的出身，全能的才华，加上"妙年洁白"的颜值，少年王维堪称一个完美的男人。

所以，女人们骂完孩子，还会顺便捎带上老公：看看人家王维。

一时间，不管男人女人，听到王维，都时刻准备献上膝盖。

在名流派对上，在诗歌座谈会上，在音乐节上，经常能听到这样的对话："请问先生贵姓？"

王维挥一挥手：

"免'跪'。我姓王。"

04

年少成名，春风得意。

此时的王维，浑身散发着杀气，作品里的每个字都热血沸腾。他要建功立业：

> 新丰美酒斗十千，咸阳游侠多少年。
> 相逢意气为君饮，系马高楼垂柳边。

一斗十千的好酒我埋单，来吧少年，喝醉也没关系，宝马就停在楼下。

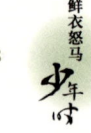

> 出身仕汉羽林郎，初随骠骑战渔阳。
> 孰知不向边庭苦，纵死犹闻侠骨香。

我等望族，初入职场就是禁卫军，跟着大将军去渔阳干仗。要是不让我去，我就不爽。就算死了，老子也是有骨气的。

还有"回看射雕处，千里暮云平""十里一走马，五里一扬鞭"，王维这一首首杀气纵横的诗，就算放在一流的边塞诗里，也丝毫不弱。

然而，命运是个相声演员，冷不丁就给你开个玩笑。

就在王维将要走向人生巅峰之际，安史之乱来了。

05

众所周知，安史之乱对诗人来说，相当于大规模杀伤性武器，李白、杜甫都没躲过。

王维也一样。

大军阀安禄山攻入长安，搜刮一圈，一看，还能活捉一个超级大咖。不由分说，就把王维挟持到军中，关进监狱。

在狱中，王维没有勺子，也没有迈克尔兄弟，几度越狱都没成功。

安禄山集团倒闭后，朝廷秋后算账，要把王维当叛军杀头。

就在生死关头，王维从口袋里摸出一首诗：皇上，我真的是誓死不从，没当叛军啊。

这首叫《凝碧池》的诗，写得非常爱国，非常感人：

> 万户伤心生野烟，百僚何日更朝天？
> 秋槐叶落空宫里，凝碧池头奏管弦。

这时的玄宗已经退位，新皇帝唐肃宗看到诗，感动得哭出鼻涕泡，立刻将王维官升四级，做尚书右丞。

唉，如果李白也这么干，兴许就不会被流放夜郎。

不过，那就不会有"千里江陵一日还"了。

06

虽然有惊无险，但王维已经看透了。

此时的大唐，已经不是玄宗的开元盛世。官场钩心斗角，小人当道，老板们只听赞歌，不听人话。

无数个夜晚，王维下班回家，坐在车里，默默点上一支烟。烟头明灭，照见一张中年疲惫的脸：

这苟且的日子，不要也罢。

于是，王维开始了另一种生活。

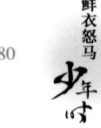

那个唱小情歌的少年不见了,那个大口喝酒、长剑杀敌的愤青不见了。他一头扎进山水田园,用一首首乡村民谣刷着屏。

一时间,人们像是喝到了滋补的鸡汤:我也要淡泊名利,我也要喝茶养生玩手串,我也要看淡风云。

每当这个时候,王维都会微微一笑:没经过风起云涌,哪来的风轻云淡?

因为人们只看到他"行到水穷处,坐看云起时",却看不到"偶然值林叟,谈笑无还期"。

这是实现了财务自由、不用上班之后才能有的任性。

人们只看到他"独坐幽篁里",却看不见他"弹琴复长啸"。

那是出走半生,归来仍是少年的青春口哨。

人们只看到一个大叔"倚杖柴门外,临风听暮蝉",却看不到他"复值接舆醉,狂歌五柳前"。

那是快意人生后的沧海一声笑。

人们只看到"空山新雨后,天气晚来秋",却看不到"随意春芳歇,王孙自可留"。

这是他在辋川别墅里描绘终南山的景色。在长安终南山有别墅是什么概念?想想上海的佘山、北京的西山。不是商贾巨富,不是贵族子弟,你能"自可留"吗?

看到没,你以为他焚香念佛就是超然世外了,其实人家只是屏蔽了朋友圈,不想上的班,可以不上;不想见的人,可以不见。

他可以找樵夫村妇聊天,也可以找王孙贵族钓鱼。高兴了,他就"松风吹解带,山月照弹琴";想静静了,他就"迢递嵩高下,归来且闭关"。

此时的王维，只是不做大哥好多年。

其实，他依然是大哥。

07

论诗情才华，王维稍逊李杜，但论人生智慧，他可以秒杀一众大咖。

盛世中，他烈火烹油；乱世里，他冷静清醒。

王维的风轻云淡之所以迷人，那是因为他曾经叱咤风云。

一事无成就看淡风云，那是矫情；功成名就之后看淡功名，那才是境界。

所以，正确的读诗姿势是这样的：

少年要读李白，他让你狂傲有血性；中年要读杜甫，他赋予你人文关怀和责任感；至于王维，你什么时候都可以读。

他会告诉你，如何轰轰烈烈地入世，如何体面地出世。

崔颢：我不出大招，是怕你们伤不起！

他的大唐版「深夜电台」，
在白热化的唐诗圈，
杀出一条血路。

01

崔颢开通"公众号"的时候，才刚过二十岁生日。彼时，大唐的诗坛上，已经是群星璀璨：

王勃给南昌地标建筑滕王阁写的广告词，被放在初唐诗赋的压轴位置；

陈子昂在幽州台上哭过了；

贺知章已经到了"少小离家老大回"的年龄；

同龄人当中，高适、岑参、王昌龄、王之涣组成"边塞F4"，豪气冲天，牛气哄哄；

王维、孟浩然组建的"王孟传奇"，专攻乡村民谣。他们的《b小调雨后》，在南山南和成都的小酒馆里被青年们传唱；

天生骄傲的李白，都快上天了，但因为作品足够硬气，谁都无话可说……

那是一个大众创作、万人写诗的年代。

唐诗界，到底还有没有蓝海？

青年崔颢思虑良久，给自己的"公众号"取了很低调的名字：

"小崔说情事"。

你们都写大江大河大自然大男人,我就写小女人的事吧。

02

很快,崔颢的才华使他像一匹黑马。

他的大唐版"深夜电台",在白热化的唐诗圈,杀出一条血路。因为定位精准,情感受挫内心委屈的女人们,都喜欢来找他倾诉。

遇到被君王冷落的女人,他写了《长门怨》:

> 君王宠初歇,弃妾长门宫。
> ....
> 泣尽无人问,容华落镜中。

你看,这个被君王抛弃的女人,多么空虚寂寞冷。

遇到独自在外打拼的女人,他写了《川上女》:

> 川上女,晚妆鲜。
> ....
> 绿江无伴夜独行,独行心绪愁无尽。

嗯,单身女人在外不容易啊,大家要坚强。

遇到哭诉渣男的女人,他写了《代闺人答轻薄少年》:

> 妾家近隔凤凰池,粉壁纱窗杨柳垂。
> 本期汉代金吾婿,误嫁长安游侠儿。
> ……

好男人不会让心爱的女人受一点点伤。姐妹们,遇到渣男要不要离婚?请关注我们的下期节目。

遇到沦落风尘的失足女,他写了《邯郸宫人怨》:

> 邯郸陌上三月春,暮行逢见一妇人。
> 自言乡里本燕赵,少小随家西入秦。
> ……
> 十三兄弟教诗书,十五青楼学歌舞。
> ……

唉,多悲惨的命运啊,姐妹们还是不要入这行。

遇到没有家庭地位,无奈讨好男人的女人,他写了《岐王席观妓》:

> 二月春来半,宫中日渐长。
> ……
> 还将歌舞态,只拟奉君王。

姐妹们，女人还是要有自己的事业啊，不然就太依赖男人了。

当然，也有一些热恋中的女人打来热线，分享自己的小确幸：崔哥你好，我是个采莲为生的平凡女孩。有一天，我在江上遇到一个男孩，好帅哦。我就鼓足勇气跟他搭讪：你是哪里人呀？我就住在横塘，也没啥事，停下船就是想问问你，可能咱俩是老乡啊，亲。

崔颢在线点评："大家看，这个大胆撩汉的采莲女子，勇敢追求爱情，多么值得姐妹们学习啊。"于是，赶紧记录下这个美好的横塘爱情故事：

君家何处住，妾住在横塘。
停船暂借问，或恐是同乡。

就这样，崔颢运营着这个情感小号，把自己塑造成女人们的男闺密。他享受这个过程，男闺密就男闺密吧，我这一款，在大唐还真稀缺。

直到他的影响越来越大，舆论中开始出现不一样的声音：

"这都是艳诗，不符合我大唐社会价值观。"

"好色之徒！原来你是这样的崔颢。"

"他的诗太轻浮了，是毒鸡汤。"

....

崔颢不淡定了。说我的诗浮艳？那好，我找个权威来评评理。

03

当时谁是权威？大唐著名书法家、作诗协会李邕。

李邕是什么来头呢？这么说吧，在当时，大唐士子们要考科举，案头都有一本必读的教科书，乃南朝梁太子萧统主持编撰，叫《昭明文选》，简称《文选》。

《文选》搜集了六朝及以前八百年间的优秀诗文，难免有深奥难懂之处。到了初唐，一个叫李善的文坛大家开始了注解工作。工程浩大，李善一边注解，一边博采众家之长。这其中，就有他的儿子李邕做的补益。

《文选注》完成后，成为朝廷官方认证的文学经典。包括李白、杜甫在内，后来纵横大唐的诗坛巨星们，都是它的忠实读者。

崔颢也不例外。

为了这次会面，崔颢做了精心准备。他要证明，即便是写儿女情长，也可以写出好诗。

这一天终于来了。崔颢带来了他最新、最满意的作品——《王家少妇》：

十五嫁王昌，盈盈入画堂。
自矜年最少，复倚婿为郎。
舞爱前溪绿，歌怜子夜长。
闲来斗百草，度日不成妆。

这首诗,把一个女人从芳华妙龄写到懒得化妆的黄脸婆,写得传神极了。

他一定要让李邕震惊。

结果,是震怒。

崔颢刚念出"十五嫁王昌"这五个字,李邕就大喝一声:"小儿无礼!这种庸俗之作就不要给我看了。"

当时,崔颢的内心是崩溃的。

这种崩溃的情绪,在数年后,被同样遭李邕嫌弃的李白说了出来:

> 宣父犹能畏后生,丈夫未可轻年少。

翻译过来就是:今天你对我爱搭不理,明天我让你高攀不起。

彼时的崔颢,也是同样的内心戏:老子迟早有一天会证明给你看,我不出大招,是怕你们伤不起!

04

一个开挂的大神,是所向披靡的。

崔颢关了他的"小崔说情事",开始游历名山大川,他在找灵感。

一个春天的下午,崔颢来到了湖北武昌。长江边上,黄鹤楼巍然耸立。他登楼远眺,滚滚长江,奔流东去,暮霭沉沉,江天一色。

他感觉到自己的小宇宙在爆发,于是,提笔一挥而就,写下了"崔颢到此一游",哦不对,写下了一首七律。而后掷笔落地,甩袖而去。

然而这件事就像长江里的一滴水,没有引起任何人留意。

直到两年后的一天,李白也来到了这里。

地方官员听说超级大咖来了,肯定不能放过,笔墨纸砚早已备好:"李白同志,我们的要求很简单。滕王阁知道吧?碾压它。"

"这黄鹤楼,之前有人题过诗吗?"李白问。

"有一个。"官员轻描淡写。

"何人?"李白也淡写轻描。不管你多有才,反正都没我有才。

"名字忘记了,诗在这里。"说着,官员递上了一张诗卷。

李白瞄了一眼名字,崔颢。"噢,好像听说过,写言情的。"

接着往下看:

昔人已乘黄鹤去,此地空余黄鹤楼。

李白捋了捋胡须,嗯,很普通嘛。再往下看:

黄鹤一去不复返,白云千载空悠悠。

李白捋胡子的手停了下来,嗯,有点意思了。迫不及待再往下看:

晴川历历汉阳树,芳草萋萋鹦鹉洲。

日暮乡关何处是？烟波江上使人愁。

五十六个字读完后，李白怔住了。

官员连声问话："李白同志，怎么了？"

"来根黄鹤楼，哦不，来杯酒，压压惊。"

文以气为主。

这篇黄鹤楼，前一句平铺直叙，当"黄鹤"第三次出现，立即奔流而下。全诗大气深沉，前有浮声，后有切响，一个bug（毛病）也没有。

这是多么牛的一首诗啊！这货是多么牛的一个诗人啊！

05

这首《黄鹤楼》牛到什么地步？

李白再也无心写诗，不管脑子里出现什么句子，跟这首一对比，就得马上丢进回收站。

算了，PK不过他，就给他点赞吧："眼前有景道不得，崔颢题诗在上头。"

你写得这么好，让我怎么接嘛。

离开黄鹤楼的李白，一直难以释怀。盛唐除我的诗之外，居然还有这么牛的七律，我要试着洗洗稿。

于是，李白写了《鹦鹉洲》，前四句是："鹦鹉东过吴江水，江上洲传鹦鹉名。鹦鹉西飞陇山去,芳洲之树何青青。"与崔颢的《黄鹤楼》如出一辙。

嫌不完美,又写了一首——《登金陵凤凰台》:

> 凤凰台上凤凰游,凤去台空江自流。
> 吴宫花草埋幽径,晋代衣冠成古丘。
> 三山半落青天外,二水中分白鹭洲。
> 总为浮云能蔽日,长安不见使人愁。

模仿痕迹也很重。

我不是抄袭,我是在向崔颢致敬。

不仅李白模仿,此后的一千多年里,模仿者众多,还包括鲁迅。

但一直被模仿,从未被超越。

南宋大神级诗词评论家严羽,在他的《沧浪诗话》中评价道:"唐人七言律诗,当以崔颢《黄鹤楼》为第一。"

崔颢的棺材板如果在动,一定会传出一个声音——

这下你们满意了吧!

孟浩然:男人中年,别矫情

出发吧孟哥,
长安的名利场,
不如扬州的欢乐场。

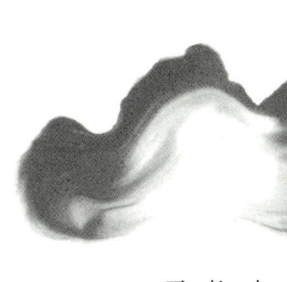

01

公元728年冬，长安城南，明德门。

孟浩然正在给城门卫兵出示身份证，身边站着他的灰毛驴，驴背上有两个大袋子，装满了书。那是明年考试的复习资料和模拟试题。

穿过城门，朱雀大街车水马龙。

两人抬的经济型轿子，四人抬的舒适型轿子，以及八人抬的豪华轿子，往来穿梭。

年轻的胡姬身上，金步摇、绿翡翠跟着臀部的节奏一起摇摆，在雪白肌肤的衬托下，光彩照人。

白衣少年们骑着青骢马呼啸而过，青石板路上传来清脆的嗒嗒声。

波斯商人操着外语，在向几个贵妇推销香料。

店铺橱窗里，有爱骑马的仕女们最喜欢的秋冬款包包，叫"爱马仕"。据说，那是杨玉环姐妹的网红同款……

长安真好啊，二十年前就该来了。

孟浩然禁不住感叹，拍一下驴屁股，继续前行。

02

到长安那天,他刚过完四十岁生日。

孟浩然是襄阳人。

十六岁,他是翩翩少年。据见过他的粉丝描述,孟浩然"骨貌淑清,风神散朗",不仅帅,还有气质。

十八岁,孟浩然参加县试,高中榜首,成为襄阳县优秀青年。

十九岁,凭借颜值与才华,征服襄阳当红歌姬韩襄客小姐。两人火速结婚,令众多襄阳少女心碎了一地。

按照当时惯例,这么有才华的小伙子,接下来应该去长安,考科举,做大官,然后走向人生巅峰。可孟浩然没这么做。他心高气傲,谁让他去首都求功名,他都会傲娇地回一句——

"城市套路深,我要在农村。"

说到做到。蜜月刚过,他就带着韩小姐,一头扎进襄阳郊区的鹿门山,开始他的隐居生涯。

高兴的时候,他写写山水田园:

春眠不觉晓,处处闻啼鸟;
夜来风雨声,花落知多少。

别人早上都在挤地铁上班,而我睡到自然醒,爽。

想出去玩了,他就制订长期旅行计划。江南吴越,湘楚大地,经常在外面一浪就是大半年。

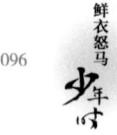

如果他的朋友圈流传下来，应该有很多这样的内容：

你在给上司倒酒，扬州的歌女正在给我温酒。

你桌前公文堆积如山，我面前是庐山。

政敌让你生了一肚子气，我正在看洞庭湖的水气。

……

总之，彼时的孟浩然，就是盛唐第一文青。

03

时光如梭，青年终有一天会变成中年。孟浩然的四十岁不打一声招呼就来了。

男人四十，容易有中年危机。

彼时开元盛世，大唐一片繁荣，发生了很多人生逆袭的励志故事——

比孟浩然小十二岁的王维，已经红遍大唐，在长安混得风生水起，经常跟王公贵族出席高端社交沙龙。

浪子王翰，凭借"醉卧沙场君莫笑，古来征战几人回"的神句，春风得意，在长安置办豪宅，"枥多名马，家有妓乐"，引得很多人羡慕嫉妒恨。

农民的儿子王昌龄已经中了进士。

就连混得最差的王之涣，也凭借一首《登鹳雀楼》，写出了盛唐之音。

…………

所以当时的小报们都在制造焦虑，纷纷发文，比如："二十岁王维年少成名，你的同龄人正在抛弃你""李隆基二十七岁登基，你的同龄人正在抛弃你""王翰三十岁家财万贯，你穷你有理啊？"等等。

搞得孟浩然很焦虑。

多年以后，有个叫杜甫的后辈，把这种焦虑感写了出来。

那是杜甫四十岁的最后一天，他寄居在长安一个远亲家里。除夕之夜，外面一群人在狂欢，屋内他一个人在孤单。

杜甫要放飞自我了：

四十明朝过，飞腾暮景斜。
谁能更拘束？烂醉是生涯。

到了明天，我的四十岁就过完了，人生开始走下坡路。既然都这样了，谁还想再受拘束呢？就让我对酒当歌，致我将要逝去的青春吧！

孟浩然应该是一样的心情。所以四十岁生日刚过，他就到了长安。

他很自信：二十年前我就是襄阳的才华担当，不就考个进士吗，有何难？

事实上，很难。

不知道什么原因，孟浩然落榜了。也许是当时的命题导师生意火爆，名额卖完了，也许是阅卷导师正忙着师生恋，胡乱给他打了

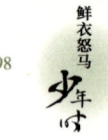

个分。

总之,他必须另谋他路。

04

机会很快就来了。

半年后的八月,一场长安诗歌圈的高端沙龙即将开始。

主办单位是大唐中央秘书省,来的都是王公贵族和文坛名流。包括大唐皇家歌舞团一把手王维、秘书省校书郎王昌龄,还有一位更厉害,当时的"作协"主席张九龄。没错,就是写"海上生明月,天涯共此时"的那位。

那天傍晚,骤雨初歇,天气凉爽。

沙龙的高潮,叫"联句题诗"。一张十几米的长桌,铺开一幅长卷,从右至左,大家依次写诗。

众所周知,这种情况下先出手的往往都是小角色。一会儿工夫,卷轴上已经写了十几行,什么"省署开文苑,沧浪学钓翁",什么"驻马渡江处,望乡待归舟",都是三流作品。大家昏昏欲睡,现场飘荡着尴尬的空气。

就在这时,王昌龄走到卷轴前,提笔写了一联:

长亭酒未醒,千里风动地。

不愧是写"秦时明月汉时关"的人。有人大叫好:"楼下的,顶上去。"

你王昌龄又是"千里"又是"动地",后面的人还能接吗?

孟浩然45度角望向天边,雨后初晴,碧空如洗。

"让我来。"说着他走到桌子前,舔一下笔尖,写了十个字:

微云淡河汉,疏雨滴梧桐。

雨后的天空,银河周围只有淡淡的云彩;风吹梧桐,叶子上的雨轻轻滴落。

简简单单十个字,你有千里,我有河汉,朴实无华,而又高远。

掌声在哪里?

片刻宁静之后,掌声雷鸣。厉害了,孟夫子!

据在场的记者后来报道,孟浩然一写完,"举座嗟其清绝,咸搁笔不复为继"。意思是,大家都拍案叫绝:我们接不了,不玩了。

看到了吧,王维、张九龄都没出手的机会。

一战成名,孟浩然在长安诗歌圈名声大振,连唐玄宗听了都龙躯一震。

就着几分醉意,孟浩然不禁畅想:要是能在皇上面前露一手,就更完美了。

05

这个想法不奢侈,没过多久,他真的有了跟皇帝讨论诗歌的机会。

两个月后,太乐丞办公大院。孟浩然正在跟王维聊写诗心得,门外有人大喊:皇上驾到。

唐玄宗李隆基来了。

吓得孟浩然赶紧钻到王维的床底下,可能是因为上班时间会友,怕老板生气吧。

但李老板没生气。他知道后,赶紧让孟浩然出来:"来,小孟,听说你写诗很厉害,最近有没有新作呀?给朕看看。"

真是千载难逢的机会!毫无疑问,此刻正确的姿势,应该是先拿出一首正能量诗歌,再说说自己能干什么,最后表个态,能带我一起飞吗?

可孟浩然是怎么做的呢?他拿出了一首苦情诗:

> 北阙休上书,南山归敝庐。
> 不才明主弃,多病故人疏。
> 白发催年老,青阳逼岁除。
> 永怀愁不寐,松月夜窗虚。

北阙是指朝廷。意思是:我落榜了,很不爽。以后不会再上书求带了,我要回农村归隐。没啥才干,皇上抛弃了我。我体弱多病,朋友也少了。都奔五的人了，还能有啥作为。我只能每天焦虑失眠，漫漫长夜，看着窗外的寒月，空虚寂寞冷。

就诗论诗，这首《岁暮归南山》凄凉感人，还是不错的。但话是好是坏，得看场合，得看对象。

唐玄宗还没听完就急了："卿自不求仕，朕未尝弃卿，奈何诬我！"（都没来找过我，我啥时候抛弃过你？……）说完摔门而去。

唉，好好一次机会，泡汤了。

如果你想进一家牛公司，好不容易跟大老板见了面，能一个劲诉苦吗？拜托，老板很忙的，他要听你的才能、看你的态度，而不是听你倒苦水。

连王维都看不下去了。

长安火车站。孟浩然背着破行囊，穷困潦倒，很像大唐版的孔乙己。王维已经对他无语了，实在不忍再伤他的自尊心，只能劝他：

> 杜门不复出，久与世情疏。
> 以此为良策，劝君归旧庐。
> 醉歌田舍酒，笑读古人书。
> 好是一生事，无劳献子虚。

大致意思是：老兄，你宅在家里太久，已经不知道怎么社交了。听我一句劝，老老实实回你的鹿门山吧，喝喝酒，读读书，挺好，别净想着学司马相如献《子虚赋》了，你呀，不适合官场。

我觉得，在孟浩然所有的诗人朋友里，王维是把他看得最透彻的一个。王维是什么人，出身名门，十几岁就在上流社会混了，论见

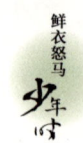

识、论人情世故，少有人能及。

就这样，孟浩然的第一次长安之行，啥也没捞到。他心灰意冷，回了襄阳老家，又开始了他的旅游生活。

整整一年，长安诗歌圈再没有孟浩然的声音。我们不知道他回到襄阳的心情，只能从李白的朋友圈猜测他的行迹。

第二年春，他从襄阳到武昌，准备顺江而下，去扬州散心。黄鹤楼上，李白与他告别：

故人西辞黄鹤楼，烟花三月下扬州。
孤帆远影碧空尽，唯见长江天际流。

出发吧孟哥，长安的名利场，不如扬州的欢乐场。

06

看到这里，你是不是以为，孟浩然再也没有那样的机会了？

然而，并不是。

不知道孟浩然上辈子积了多少德，三年之后，他又得到一个机遇。这次帮他引荐的人，叫韩朝宗。

韩朝宗的口号是：我不写诗，我只做诗人的搬运工。

他当时是荆州一把手。跟那些高冷的官员不同，韩朝宗很愿意提拔后辈，只要你有才，不论出身，都愿意帮你引荐，人称"韩荆州"。他在草根诗人圈留下了美名:"生不用封万户侯,但愿一识韩荆州。"还记得李白那首《与韩荆州书》吗?就是写给他的。

有这样一个人引荐,加上上次的教训,孟浩然是不是该长点心了?

呵,呵。

公元733年的冬天,韩朝宗终于说服唐玄宗,给孟浩然一次机会,进宫面圣。如果表现够好,有可能当场安排工作,连高考都不用参加。

这一天终于到来了。

马上就要进宫了,孟浩然却还没有出现,韩朝宗就派人去请。找了半天,发现孟浩然居然在一家酒馆,跟一群人喝酒。

最要命的是,他已经喝醉了。

迎接皇上,叫"接驾";喝醉了迎接皇上,就是"醉驾"。

这么危险的事,当然不敢做。没办法,孟浩然就放了皇上鸽子。气得韩朝宗直接拉黑了他,再也没跟他联系。

这一年,他已经四十五岁了,办事却像十五岁的孩子。

离开长安那天,也是年底。

朱雀大街上依然车水马龙,终南山顶的积雪还没融化,阳光洒在大明宫金色的屋顶上,绚烂夺目。长安繁华依旧,什么都有,只是再也没有他的机会了。

几年之后,张九龄召他进入幕府,做了一个小官,但不到半年,孟浩然就辞官归隐了,终生再没出仕。

07

平心而论，对一个大龄落榜生来说，命运给孟浩然的机会不算少。

王昌龄考中了进士，一辈子也只做了个八品小官，王之涣更是连大人物的面都没见过。

李白虽然缺乏政治才能，但一辈子都在努力。

杜甫比他有才，比他更忠君爱国，正当壮年却遇上了安史之乱。

反观孟浩然，有李白、王维这样的人为他制造舆论，张说（yuè）、张九龄两个宰相以及韩朝宗这样的世家贵族都大力帮助过他。

只是机会来了，他没有珍惜。

读孟浩然的诗，我经常会有一种分裂感、拧巴感，忍不住想使劲摇醒他：孟大叔啊！你到底要什么？你说啊！

有的诗里，他可劲地晒他的隐居理想，比如《夜归鹿门山歌》有这样几句：

> 鹿门月照开烟树，忽到庞公栖隐处。
> 岩扉松径长寂寥，惟有幽人夜来去。

庞公是谁？东汉第一隐士，整天带着诸葛亮、庞统、司马徽喝酒论文，这三个人的外号"卧龙""凤雏""水镜"，都是他给取的。刘表派人请他出山，他不去，铁了心做隐士。

还有"尝读高士传,最嘉陶征君"。陶征君是谁?陶渊明,田园诗的鼻祖,归隐之后,做了一名真正的农民。

拿庞德公、陶渊明说事,说明孟浩然有归隐之心。

可另一方面,他又在到处求带求推荐。比如这首给张说[①]的《望洞庭湖赠张丞相》:

八月湖水平,涵虚混太清。
气蒸云梦泽,波撼岳阳城。

前八句写景,大气壮观,是首好诗。但后半段走样了:

欲济无舟楫,端居耻圣明。
坐观垂钓者,徒有羡鱼情。

全诗大致是说:八月的洞庭湖,海天一色。水气苍茫,波涛汹涌,要撼动岳阳城。可是,我想下水,却没有船,愧对英明伟大的皇帝啊,只能羡慕那些钓鱼的人。

有没有感受到一种拧巴的矫情?

就好像一个连微信都不会用的老男人对你说:唉,没能去腾讯任职,我愧对马化腾呀。

---

① 一说张九龄。

08

盛唐几个诗人，都比较真实。王维、李白、杜甫，甚至信息寥寥的王昌龄，你都能看出他有血有肉。

唯独孟浩然，只有个模糊的轮廓。他的诗才、人品毋庸置疑，但你就是不知道他到底要什么。也许是，他什么都想要，还得是轻松地得到的那种。

就像一个人在慷慨陈词：给我一个机会，我就能实现我的梦想。

如果你问他：你的梦想是什么？

……呃，还没想好。

你想归隐，鹿门山的PM2.5不高，襄阳不堵车，房价也低，"春眠不觉晓""把酒话桑麻"的生活，也挺好。

你要出仕，就放下身段，学学杜甫"朝扣富儿门，暮随肥马尘"，在那个时代不丢人。想烈火烹油，就别嫌弃那点油腻。机会来了，奋力去抓就行了，就算最终失败，也能有个踏实的后半生。

就怕你做的事矫情，作的诗拧巴，最后是"迷津欲有问，平海夕漫漫"。

找不到北了吧，怪谁呢？

成功没有标准，在鹿门山是静好岁月，在长安是光辉岁月。

只要是你内心想要的，就是好岁月。

情圣杜甫的月光爱人

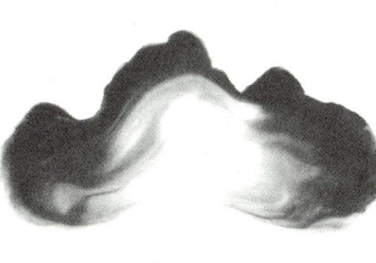

这个耿直倔强、不善言辞的男人,终于有了一抹浪漫色彩。

多年以后,见识过"越女天下白"的杜甫,总会想起那天晚上的妻子,和照在她手臂上的那道白月光。

01

大地沉睡,月光如洗。

长安正北两百公里,有一个小村子,只有一户人家还亮着烛光。

这里的主人,是四十五岁的杜甫。

四目相对,半晌无言。

妻子杨女士先开了口,她拉着丈夫的手说:"阿杜,我不让你走。"

"乖,别任性,待我功名及腰,回来接你可好。"杜甫不想把氛围弄得那么悲伤。

"我不要功名,我只要你平安。你看外面乱得,玄宗跑路了,杨贵妃也被杀了,咱们在这乡下种种田、读读书不好吗?"

"种田是不会种田的。我的理想是'致君尧舜上',现在新君继位,正在广纳贤才。这是个机会。"杜甫把"机会"两个字,说得特别重。

妻子叹口气:"唉,都是安禄山闹的,他们搜刮一番,会不会就撤走了?"

杜甫说:"你当安禄山造反,是为了吃四十万一桌的饭吗?他是来占座的——皇帝的宝座。"

妻子更加惶恐:"你想去,我不拦。跟你在长安那十年,租房子、吃泡面,我都没怨言,我只是担心你的安全。"

杜甫急了,大声说:"我不怕死。"

杜甫说完,妻子神色忧伤。她转过身,看着正在熟睡的两个孩子,幽幽地说:"我怕你死。"

杜甫的心似乎被刀扎了一下,他还想说什么,终于没有吭声。

妻子也想说什么,也没有吭声。

他执意要走,她是留不住的。

月光变得微弱,洒在桌子上,一片惨白。杜甫开始收拾行李。

半晌,妻子抹掉眼泪,换了语气:"答应我,一定活着回来。"

"答应你。"杜甫说完,又补充两个字,"一定!"

"拉钩。"

"拉钩。"

那一夜,烛光亮到五更。当一声鸡叫传来,杜甫推开了柴门。

身后,妻子倚在门前,深情目送,月光洒在她的胳膊上,像一尊女神雕像。

请记住这次分别的时间和地点。

这是公元756年，安史之乱爆发的第二年。这个地方，是地属鄜（fū）州一个叫羌村的小山村。

02

山路崎岖，狼烟弥漫。背着简单的行李，杜甫步履匆匆。

一路上，有逃难的百姓，有大唐的伤病残卒，路边尸体无数，如同人间地狱。

但此时的杜甫却充满信心。他的目的地是三百公里外一个叫凤翔的小县城，在那里，大唐新任CEO唐肃宗刚刚登基。

自古以来，皇帝登基是国之大事。大唐前几任皇帝登基，无不是万国来朝、百官跪拜、举国欢庆。而唐肃宗，搞了一次最简朴的登基仪式。

他走过简易的台阶，坐上木头龙椅的那一刻，就哭了。

哭，不是因为终于坐上了皇帝宝座，而是因为看到了他的满朝文武。那满朝文武，只有三十六个人——包括两名太监。

那一刻的唐肃宗有点恍惚，这是登基仪式？还是部门例会？

所以，杜甫猜得没错，新朝廷，非常缺人。

只要我过去，就有机会。想到这里，杜甫加快了脚步，不由得喊出了声："陛下等我，我来啦！"

空谷幽静，只听到传来两声兴奋的"回音"："来啦，来啦——"

杜甫一惊："谁？"

两个士兵跳出草丛，杀气腾腾。只见他们穿着盔甲，有着胡人的脸，杜甫不由得心怦怦直跳。

他碰到的是安禄山的散兵。

那个"回声"走了过来。他一脸横肉，两道刀疤，左胸的盔甲掉了几片，露出里面的文身，手里的弯刀还滴着血。"干什么的？"

"&*%#*……呃……串亲戚。"杜甫急中生智。

"我问，你是做什么的？"

"种庄稼的。"

"名字？"

"杜甫。"

"姓杜？嘿嘿，城南韦杜，非贵即富。你当官的吧，快说！"

"我真不是官，就是个农民。"

"看他那寒酸样，哪儿像官？"另一个士兵说。

"回音"想想也对，当官的，怎么会穿得像乞丐，接着又吼道："去过长安没？"

"没去过。"

"那我们就带你去。"说完，不由杜甫辩解，押着他走向了不远处的俘虏队伍。

这队俘虏分两种：当官的，会被逼着到伪政府上班，不从就杀掉；平民，会被押送到长安，充当苦力。

杜甫怎么也没想到，再一次来到生活过十年的长安，竟是以这样的方式。

此刻的杜甫并不知道,倒霉的诗人不只是他一个。

03

远在新疆边塞的岑参,写下了"可知年四十,犹自未封侯",带着一块切糕上路了。他要回到三千里外的长安,开拓新事业。

写过"战士军前半死生"的高适,看着"美人帐下犹歌舞"的哥舒翰老板,正要劝说,哥舒翰投敌了。

李白躲在庐山避乱,"飞流直下三千尺"的瀑布,也洗不去他的忧伤,不久之后他将登上永王李璘的贼船。

只有王维不愁工作。因为他刚被叛军抓住,押送到洛阳,逼着他当伪官。跟他关在一个号子里的,还有诗人储光羲。

杜甫夹在俘虏队伍,走进这座沦陷的长安城。

国家不幸诗家幸,赋到沧桑句便工。

当时的杜甫只知道,他来到了地狱长安;却并不知道,他也来到了诗歌的神坛。神坛之上,一座丰碑正在缓缓立起,上面有四个金光闪闪的大字——诗圣杜甫。

那时的长安,已不是那个歌舞升平、诗情画意的长安了。叛军游走在长安的每个角落,烧杀抢掠。在城外打完仗,他们会回到城里,喝着酒唱着歌庆祝胜利。

如果当时有人拍一部电影,应该叫《长安!长安!》。

而城外的战场上，叛军的战斗力爆表。

在一个叫陈陶的地方，四万政府军几乎全军覆没，血流成河。杜甫很悲伤，写下了"野旷天清无战声，四万义军同日死"。

在一个叫青坂的地方，满山遍野都是战士的白骨。杜甫很悲伤，写下了"山雪河冰野萧瑟，青是烽烟白人骨"。

战火熊熊，第二年春天还在烧。

这一天，围城中的杜甫，望着荒草杂芜的长安唏嘘不已，他为大唐担忧，更为远在鄜州羌村的家人担忧。滔滔悲情，两行老泪，一首名垂千古的五律诞生了，就是我们熟悉得快要忽略的《春望》：

> 国破山河在，城春草木深。
> 感时花溅泪，恨别鸟惊心。
> 烽火连三月，家书抵万金。
> 白头搔更短，浑欲不胜簪。

花都哭了，听见鸟叫我都心惊肉跳。我发愁得都快谢顶了，头发稀少连簪子都插不上。

李白的"抽刀断水水更流，举杯销愁愁更愁"，明明写的是愁，为什么我们读了觉得爽，而杜甫的愁，能让你哭？

这就是杜甫的风格，沉郁顿挫，字字扎心。

司马光读了，赶紧献上膝盖："近世诗人，唯杜子美最得诗人之体。"

明朝的胡震亨觉得还不够，重新给出评价："动夺天巧，百代而下，当无复继。"

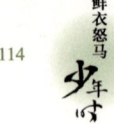

这段时间,杜甫的灵感和情感碰头了,电光火石,写出了一首又一首神作。

这里有关于军事的洞察:"芦关扼两寇,深意实在此。"

也有杨玉环的香魂:"明眸皓齿今何在,血污游魂归不得。"

更有死里逃生的余悸:"生还今日事,间道暂时人。"

当然,最让他牵挂的,还是远在鄜州的老婆孩子。

04

又是一个孤独的夜晚。长安城西,怀远坊。

坊里有座寺庙,叫大云经寺。杜甫已经在这里住了两个月。

月亮初升,坊门宵禁。

杜甫走出屋子。如果是平时,能听到邻家女人洗衣服的声音,"长安一片月,万户捣衣声";可是现在,长安死一般寂静,只有巡逻的叛军偶尔几声呵斥。

那晚的月光格外明亮,杜甫四十五度角仰望星空,借着月光,能看到他眼角的一颗水珠。

在这一夜之前,唐朝诗人写月夜思念,已经神作辈出。

王勃的月夜,寒冷寂寞:

乱烟笼碧砌,飞月向南端。

> 寂寂离亭掩,江山此夜寒。

李白的月夜是忧伤的：

> 床前明月光,疑是地上霜。
> 举头望明月,低头思故乡。

李益的月夜,是悲壮的：

> 回乐峰前沙似雪,受降城外月如霜。
> 不知何处吹芦管,一夜征人尽望乡。

张九龄的月夜,是洒脱的：

> 海上生明月,天涯共此时。

张若虚的月夜,是华丽的：

> 春江潮水连海平,海上明月共潮生。

而今晚的杜甫,也将拿出他的月夜——一个烟火气的月夜,一个只属于他和她的月夜。

诗的名字,就叫《月夜》：

> 今夜鄜州月，闺中只独看。
> 遥怜小儿女，未解忆长安。
> 香雾云鬟湿，清辉玉臂寒。
> 何时倚虚幌，双照泪痕干。

如果不把它看作一首诗，而是看作写给老婆的信，就特别好理解：

> 老婆：
> 今晚的鄜州，月色应该也很好，可惜你只能一个人看了。
> 孩子还小，他们还不懂为什么你在思念长安。
> 我想起你透着香气的头发，是不是被雾气打湿了。
> 还想起月光下你洁白的手臂，你冷吗？
> 什么时候我们能一起倚在窗幔上，在月光下，双双把眼泪擦干。

还记得《卧虎藏龙》的主题曲吗？名叫《月光爱人》：

> 我醒来，睡在月光里
> 下弦月，让我想你
> 不想醒过来，谁明白
> 怕眼睁开，你不在

杜甫这首《月夜》，就是一曲《月光爱人》。这个耿直倔强、不善言辞的男人,终于有了一抹浪漫色彩。

他决定有所行动。

05

月黑风高杀人夜,正是诗人跑路时。

长安城西,金光门外。一条黑影蹿出来,以每小时五十迈[①]的速度向西奔跑,正是杜甫。

"随风奔跑自由是方向,追逐雷和闪电的力量。"

他不由得又喊出了声:"陛下,我来啦!"

这一次,杜甫终于开始了职业生涯。

站在唐肃宗面前的杜甫,两只衣袖破了,露着胳膊肘,脚上两只麻鞋,露着大脚趾。头上的头巾还在,但已经分不清什么颜色,胡子拉碴,满脸风尘。唐肃宗有点感动,都这样了,还来投奔我。你诗文写得好,就做"左拾遗"吧。

"左拾遗"是给皇帝提建议的,原本是一个非常重要的岗位,可不知为什么,级别只是"从八品上"。

官职低就低吧,能给皇帝提建议,也算不错。

杜甫这样想着,就开始了他勤奋的工作。每次朝廷例会,就杜甫最积极,他就像一个老司机团队里的实习生,别人不敢说、不方便

---

① 迈:英里的音译。

说、不愿意说的话，他敢说。

而这时的岑参，刚刚吃完他的切糕，跋涉三千里来到凤翔求职。杜甫很高兴，写介绍信，帮岑参谋一个"右补阙"的岗位，比杜甫官高一级。

以杜甫这种性格，在官场根本混不下去。所以没多久，麻烦就来了。

还记得前面提到的那场战斗吗？陈陶一战，四万政府军全军覆没，这场战斗的最高指挥官是那个叫房琯的宰相。本来胜败乃兵家常事，可是他的政敌不高兴，唐肃宗也不高兴，要贬谪他。

而房琯，对杜甫有知遇之恩。这就有点尴尬了，救还是不救？

杜甫说，这不是个问题，救。

他硬着头皮上书，洋洋洒洒，帮房琯说话。唐肃宗正在气头上，好啊你个杜甫，连你一块办了，来人，给我审。

杜甫多年积累的人品，可能都用在这次了。来提审他的人，叫颜真卿。

颜真卿忠厚正直，把杜甫无罪释放了。

遭此一劫，前途暗淡。这一刻，杜甫心头又照来一束白月光。

尽管没有功名，还是很穷，不能衣锦还乡，但他终于要回家了。

"青袍朝士最困者，白头拾遗徒步归。"连一件体面的朝服都买不起，也没有马，只能徒步。

那可是两百多公里啊。

现在的我们，已经无法想象杜甫在路上经历了什么，只知道在某一天的下午，他终于到家了。于是，就有了著名的《北征》和《羌村》三首。

在《北征》里,他看到的是:

> 经年至茅屋,妻子衣百结。
> 恸哭松声回,悲泉共幽咽。
> 平生所娇儿,颜色白胜雪。
> 见耶背面啼,垢腻脚不袜。
> 床前两小女,补绽才过膝。

我外出一年才回家,看到老婆的衣服打满补丁。全家哭成一片。我的儿子脸色苍白,没血色。见了我就转过身哭,脚丫脏兮兮的,连双袜子都没有。两个小女儿,裤子上也都是补丁,短得刚到膝盖。

太穷了。

然后,他又在《羌村》中写道:

> 妻孥怪我在,惊定还拭泪。
> 世乱遭飘荡,生还偶然遂!
> 邻人满墙头,感叹亦歔欷。
> 夜阑更秉烛,相对如梦寐。

看到我,妻子震惊了,我竟然回来了。在这个乱世道,活着就是个偶然呀。邻居们也扒着墙头看我们,都在抽泣。在夜里,我们端着蜡烛把对方看了又看,简直不敢相信,生怕是在做梦。

这就是杜甫在安史之乱第二年的经历。那一年,他把最好的诗,

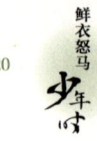

留给了家人。有远在山东的弟弟，有抚养他长大的姑姑，有想念爸爸的他可怜的孩子。

当然，还有他月光下的妻子。

一千多年后，梁启超在清华大学做过一场演讲，题目是《情圣杜甫》。他说，杜甫是一个极热心肠的人，一个极有脾气的人，还是最富有同情心的人。

如果用一个字概括杜诗，就是一个"情"字。一草一木、家国天下，甚至八竿子打不着的底层人物，杜甫都不吝深情。

"香雾云鬟湿，清辉玉臂寒。"唐诗宋词里有数不清的情诗，唯独这句，千年后读来，依然令人潸然。

诗国信使

那只鸟,煽动了他诗情的翅膀。

01

公元765年，唐代宗永泰元年，暮春。

夜色笼罩大地，四川东部有一座小城，紧邻长江，江边有一片浅滩。此刻，渔民已经睡去，渔火零星。

一条小船泊在岸边，随着江水轻轻晃动，年近花甲的杜甫站在船头，凝望江面。

他中等身材，消瘦，青色长袍在月光下略显肃穆。他一会儿安静，一会儿又掏出酒囊，灌几口，口中念念有词："该结束了，咳咳……一切都该结束了。"

杜甫缓缓爬过船舷，只要他纵身一跃，奔涌的长江就会吞噬一切，他单薄的身躯击起的浪花，不会比一块石头大多少。

他手扶船头栏杆，整整衣冠，揉一下僵硬的左臂，准备向这个漆黑的世界告别。

"杜拾遗，你还没到死的时候。"

一个苍老的声音从身后传来。杜甫心头一惊，身体僵在那里，回头望去，船舱小门紧闭，门上一盏纱灯晃来晃去，油灯如豆，并无一人。

杜甫苦笑着摇摇头,心下思忖:我真的老了。又把目光投向江面。

"看来,杜拾遗是铁了心要死。"

那声音再次传来,杜甫这次听得真切。他爬下船舷,听那声音明明是在身后,可四处望去,又真真切切并不见人影。

"往上看。"

顺着声音的指引,杜甫看到高耸的桅杆,桅杆上方,又脏又破的船帆已经收起,悬挂在横木上。一只雪白的沙鸥,站在横木一头。

杜甫一生漂泊,走过无数水路,这样的水鸟他见多了,本没有半点稀奇。

他又揉揉眼睛,确认没人说话,是自己的幻觉,正欲回头,突然觉得那只沙鸥与平时不同。杜甫定睛细看,不觉惊出一身冷汗。那只沙鸥,两只眼睛正直直与他对视,莫非……

"没错,是我在说话。"

在杜甫惊奇惶恐的目光凝视下,那只沙鸥又开口说话了。说罢,它双翅一展,如离弦之箭,飞到杜甫面前的船舷上。

02

一阵惊愕过后,杜甫很快平复情绪,像自言自语,又像在问那只沙鸥:"原来是一只鸟。天地造化,万物有灵啊……鸟儿,莫非你也可怜我这把老骨头?"

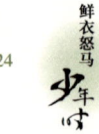

那沙鸥落到船舷上。近处看，竟比平常沙鸥大许多，通体雪白，双目炯炯。它略微扇一下翅膀，说道："世间万物皆有命数，现今诗歌国度，孟夫子、李太白、王摩诘、王昌龄、王之涣都已西去，独你杜拾遗一根余脉，切不可妄自菲薄，有违天命啊。"

见沙鸥一口气说出这些诗人，且都是自己平生崇敬的诗友，杜甫更觉奇怪："你是谁？"

沙鸥庄重低头，双翅合抱，缓缓答道："我是诗国的信使。"

"诗国？……信使？老夫写了一辈子诗，从不曾听说有诗国，更不曾听过有信使？"

"杜拾遗不必疑虑，等以后到了那里，自然会知道。"

杜甫不禁笑了，并没有把这只小鸟的话放在心上，还打趣道："那你且说说，找我做什么？"

"给你带路。"沙鸥语气平静，又补充道，"去诗国的路。"

"你怎么知道我会写诗？"

"还记得去年秋天吗？夔州，你站在山上，望着长江感叹你飘零的一生。"

夜风吹来，杜甫清醒了许多。

他向西望去，沿着脚下的长江逆流而上，拐过无数道弯，就是他居住了两年的夔州。鸟儿说得没错，去年深秋，他穷病交加，登高望远，确实写过一首诗。只是他平生写诗无数，大多时候，写完就随手一丢，很多诗就这样消散在时间的尘埃里。

但那首诗，他很满意，也记得真切，是一首七律。想到这里，杜甫不由随口念了出来：

> 风急天高猿啸哀，渚清沙白鸟飞回。
> 无边落木萧萧下，不尽长江滚滚来。
> 万里悲秋常作客，百年多病独登台。
> 艰难苦恨繁霜鬓，潦倒新停浊酒杯。

刚一诵完，沙鸥就点点头，露出非常赞许的神情。"没错，就是这首《登高》。杜拾遗眼界之广，包容山川万物；心窍之细，洞见猿哀鸟唱。自古诗家，莫如子美先生。"

"不不不，谬赞了。人生苦短，而四季永远更替，长江千年奔流。这样的诗境，先贤们早已道出。三闾大夫走向绝境，也作'风飒飒兮木萧萧'之唱；孔子临江，也有'逝者如斯夫，不舍昼夜'之叹。我杜子美，无非同病之叹罢了。"

"杜拾遗不必过谦，此乃世间诗人共情。只是，阁下这首七律已臻化境，律诗造诣，登峰造极，前不见古人，后不见来者啊！"

杜甫长笑两声，又灌了一口酒。"你这鸟儿，倒是也懂一点诗。"

"生命对时间无可奈何，这是遗憾。可更遗憾的是，对时间毫无感知。芸芸众生，几人有这样的彻悟、这样的幸运？当时听先生吟诵此诗，感慨万千。诗国的高台上，当有你杜拾遗一席。"

杜甫一生痴迷诗歌，并以此为荣，屡次劝学家中子侄。听那沙鸥说得真诚，他干瘦的脸上现出一丝欣慰。

随即，他似乎意识到了什么，忙问："你？看见我当时写这首诗？"

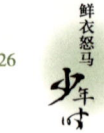

"是的。"

"可当时我身边并无一人。"

"没错,我是一只鸟。"

沙鸥这句话令气氛轻松许多,它接着补充道:"'渚清沙白鸟飞回'……那只鸟,就是我。"

杜甫只觉得有神秘的气场充满周围,在这神秘的气场里,一切如梦似幻,又真真切切,他感到兴奋、奇妙,似乎还夹带一丝恐惧。但他其实不怕,而是享受着这个奇妙的夜晚。那是年少无畏的味道。

此刻,他只想解开疑团:"这么说,你从去年就注意到我了?"

沙鸥像人类摇手一样晃动右翅,拖着长腔:"不,比那更早。"

"难道,从我在成都的时候?"

"不……是泰山。"

杜甫又一阵惊讶。泰山,他年轻时去过,之后再也没踏入齐鲁大地。这只鸟是不是也喝酒了?他一脸迷惑,苦苦思索。

"不用怀疑,杜子美先生,就是泰山。"沙鸥坚定地说,"那时你还很年轻。"

03

如果沿着脚下的长江向东流去,可以直达扬州,在扬州转大运河北上,来到齐鲁大地,再走陆路,就能抵达泰山脚下。

杜甫举起酒囊,又喝一口,酒精在血液里奔腾。江风吹来,杜甫丝毫感受不到凉意，只觉得浑身畅快，令人沉醉，思绪回到二十多年前的那次泰山之行。

那是开元末年，二十八九岁的杜甫，虽然跟现在一样瘦削，却朝气蓬勃。时逢开元盛世，他有足够的自信，可以凭借一杆笔，教化民风，效忠朝廷，留名青史。

为了看望在兖州当差的父亲，他从洛阳出发，一路游山玩水，结交文友。在泰山脚下，他写出了那首不朽名篇。

"你……就是那只鸟？"杜甫思索半天，忽然惊问。

沙鸥点点头："'决眦入归鸟'，杜子美当日看到的那只鸟，也是我。"

杜甫哈哈大笑起来，神情疏朗，似乎往日少年意气又回到他的苍老之躯，连语气也铿锵许多，他将当日写的那首五言缓缓道出：

> 岱宗夫如何？齐鲁青未了。
> 造化钟神秀，阴阳割昏晓。
> 荡胸生层云，决眦入归鸟。
> 会当凌绝顶，一览众山小。

沙鸥听了，不禁再次合抱双翅。"我们鸟类年年南北往返，山北的齐国，山南的鲁国，不知经过多少次，却从未见过'青未了'之句；我们能飞越山河、直上云霄，却从未有'一览众山小'之叹。泰山之雄，果不负岱宗之誉，这都是拜杜拾遗所赐。当日我只是一只小小鸟，也忍不住飞到你面前，没承想，也入了您的诗，三生有幸啊。"

沙鸥一番话，让杜甫只觉得恍若隔世。

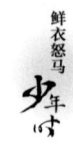

大唐开国以来，文治武功的帝王都想登泰山封禅，祈求国泰民安江山永固。那是多么美好的一个时代。

可是现在……一切都变了。

想到这里，杜甫神情骤然黯淡下来，又猛灌几口酒。"咳咳……不说这些了，不说了。"

"杜拾遗既知道'造化钟神秀'，又怎会不知造化也弄人；既知道阴阳可以分割昏晓，又怎会不知，世间万物，本就阴阳往复，否极泰来，盛极必衰。"

"当时那么多诗人，你为什么选中我呢？"杜甫问。

"杜拾遗是诗人，肯定知道一个诗者最宝贵的是什么？至情至性，眼里有天下，有众生，有诗情。常人看不见的，你能看见；常人道不出的，你能道出……不是我选中你，而是你选中了我。"

杜甫呵呵笑起来。泰山之高耸、之博大，原本早已超出人类眼界，这是只有鸟类才能知晓的自然奥秘。

那只鸟，煽动了他诗情的翅膀。

杜甫捋捋胡须，对眼前这只神奇的沙鸥，多了几分敬意。"这么说，从当时……哦，我算算，二十五年——二十五年前，你就注意到我了？"

沙鸥点点头。

"那后来呢？"杜甫问。

"后来，我以一个诗国信使的身份，一直追随你。我见过你科举落榜时的落寞，父亲死去时的眼泪，痛饮时的豪情，贫困时的窘迫。我，从未离开过你。"

一股暖流涌上心头，杜甫又问："那你为什么不早些现身？这样，我无数的孤旅途中，也好有个伴儿。"

"诗国自有规定，我们不干涉诗人的生命。"沙鸥说，"不过，不瞒子美先生，事实上，有一次我确实想现身的，最终还是忍住了。"

"哪一次？"

沙鸥陷入沉默，像是在顾虑什么，半晌，才幽幽答道：

"长安，战火。"

04

江夜寂静，潮平岸阔，杜甫心头一痛，似乎回到那一年的长安。

那是安史之乱的第二年，大半个中国战火纷飞，洛阳陷落，长安城破。唐玄宗带着少数亲信和他的杨贵妃逃亡四川，大唐子民一夜之间失去依靠，从开元盛世回到野蛮的战国，杀戮，烧抢，妻离子散，生灵涂炭。

那一年的杜甫，本来要投靠新皇帝唐肃宗，却在半路上被安史叛军俘获，押赴长安。

在那个围城里，杜甫的雄心壮志被击得粉碎，就是彼时彼地，杜甫写下了那首流传千古的五律：

国破山河在，城春草木深。
感时花溅泪，恨别鸟惊心。

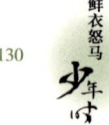

烽火连三月，家书抵万金。
白头搔更短，浑欲不胜簪。

山河破碎，国都被围，人烟稀少，只有荒草疯长。杜甫的妻子儿女远在几百里之外的鄜州，生死未卜，而他深陷囹圄，只能以诗抒怀。那是他人生的至暗时刻。

杜甫鼻息急促，仿佛那战火狼烟至今未散。他擦掉眼泪，问那沙鸥："我当时在枝头所见的那只鸟，莫非还是你？"

"杜子美好记性。"

"哈哈哈哈……"杜甫不知道是哭还是在笑，"你当时想要现身，莫不是看我可怜！"

沙鸥说道："国破家亡，悲痛伤心，这是人之常情，每个诗人都有感怀之作，这不是触动我的原因。"

"那又是什么？"

"万物皆有灵性。山河破碎，我们鸟类也会伤悲，只是常人看不见罢了。而你，杜子美，一个诗人，看见了。你头发灰白，稀疏，连簪子都无法佩戴。才四十多岁，却像个老朽。可是那一刻，我觉得你才是诗人——伟大的诗人，众生的诗人。"

杜甫将右手一挥，面露羞赧。"你这鸟儿也喝醉了不成？当时的诗人，如璀璨群星，太白兄豪放无敌，神出鬼没；王右丞空灵无二，心无旁骛；还有那高适、岑参兄弟，他们的诗，才配伟大二字。"

"没错。他们都是好诗人。可是，伟大二字并非人人能用。在石壕村，你想着人民，在咸阳桥，你想着军人。连你的孩子饿死，你想到的还是众生。这，才是伟大。"

长江呜咽，半晌无言。许久，杜甫才猛灌两口酒，拍打船舷，又望向茫茫黑夜，一声长叹："是啊，好好的山河，好好的盛世，铁蹄踏过，就破碎了。人为什么要打仗呢？"

"杜拾遗不必过于悲伤。人为财死，鸟为食亡，我们的世界与你们并没有区别。甚至，我们也有诗人，它们在枝头唱歌，在天空长啸，在山间哀鸣。只是，常人从没有多看我们一眼，更没人会看见我们惊心落泪。"

两行浊泪在杜甫脸上淌下，在微弱的灯光里闪烁。他又抬起青布宽袖，抹一把眼泪。"你这鸟儿倒是有情，也有趣。可惜，我只不过是一个行将就木的落魄诗人，'伟大'什么的，于我太遥远了。"

"杜拾遗此言差矣。你看那帝王将相，他们把丰功伟绩刻在墓碑上，想要不朽，可是在天下苍生心里，那只是一块石头。而诗歌，会刻进人们心里，世代相传。如你所言，不废江河万古流。命运是公平的，生前没有得到的东西，身后，时间会偿还给你。"

类似的话，杜甫从王维口中听说过。在安史之乱的那些年，庙堂政治混乱，江湖生灵涂炭，诗人们日子都不好过。

王维一心向佛，不止一次给杜甫这个儒家信徒讲过命数。每个人，在时代的滚滚巨轮下都无能为力。

安史之乱中，人们卖儿卖女交租税，而达官贵族尚且嫌肉不好，酒不醇。村庄十室九空，老幼饿死路旁，当兵的死在战场，连抚恤金都没有。众生的痛苦，没处申诉，大唐开国近一百五十年里，还不曾有这样的境况。

"战血流依旧，军声动至今""路衢唯见哭，城市不闻歌"，每

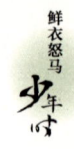

想到这里，杜甫都心痛难当。

曾几何时，他的理想是"至君尧舜上，再使风俗淳"，是"整顿乾坤"，如今想来，一个落魄诗人抱持如此宏愿，难免显得可笑。

杜甫轻轻摇头，自嘲道："我杜子美，'七龄思即壮，开口咏凤凰'，我想像凤凰一样，志存高远，遨游天地，可现在，我只是一粒尘埃。哈哈哈哈……"

杜甫似哭似笑，半疯半癫。

寂静的江面，几只水鸟惊起，扑棱棱飞向远方。

"凤凰非梧桐不止，非练实不食，非醴泉不饮，这不正是杜子美您的品格吗？只是……"

"只是什么？"

"只是，世上根本就没有凤凰，你不是凤凰，也不是尘埃，只是一个平凡之躯……像我一样。"

杜甫连拍船舷，似乎忽然悟出了一生的迷惑："对对对，很对，我根本不是什么凤凰，我只是一只沙鸥，飘飘荡荡，游离世间……待我准备笔墨。"

05

灯光幽暗，杜甫行动迟缓，挪着步子从船舱里拿出笔墨纸砚。

他尖尖的下巴上，花白胡子稀稀疏疏，在江风里飘散，像一支大号毛笔。

远处，夜空繁星点点，垂于天际。江面上，月亮的倒影随着波浪涌起。山野苍茫，而自己如同天地间的一只沙鸥。

于是，他提笔写出四个大字——《旅夜书怀》，运笔如飞，似有神助：

> 细草微风岸，危樯独夜舟。
> 星垂平野阔，月涌大江流。
> 名岂文章著，官应老病休。
> 飘飘何所似，天地一沙鸥。

那沙鸥绕着杜甫盘旋往复，拍打翅膀。"不愧是杜子美啊，诗国又多了一首杰作。不过，我更为你高兴的是，你终于放下了，开始面对自己。"

杜甫久久没有说话，他的思绪还留在浩瀚的星空和无尽的江流。一个怀抱伟大理想的人，最怕的不是失败，而是发现那失败早已注定。

从神鸟凤凰，到"骁腾有如此，万里可横行"的骏马，到"何当击凡鸟，毛血洒平芜"的苍鹰，哪怕之前他眼中的白鸥，也是"白鸥没浩荡，万里谁能驯？"

杜甫，天生骄傲。

可是此刻，面对无情的时间，面对残酷的现实，杜甫蓦然发现，他的诗歌并不能给他世俗的功名，"整顿乾坤"更像痴人说梦，他服老了。

良久，杜甫缓缓说道："也罢，世道艰难，命运难违，或许诗国才是我的归宿。"

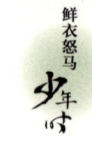

听杜甫这话,那沙鸥一时兴奋起来。"诗国供奉诗人,才思、情思,缺一不可。以杜拾遗如此神工大笔,在诗国,必然光芒悬日月,受万人敬仰啊!"

杜甫心情舒畅许多,又想到了什么,问道:"在诗国的,都有谁?"

那沙鸥扇动翅膀,在船舷上跳动几下,稳住身子。"屈原、陶潜、李太白……"

听到太白兄的名字,杜甫顿时兴奋,忙问道:"是不是所有诗人都在?"

"是的。只是在诗国,诗人的魂魄,都是一个个光点,小的如萤火,大的,如太阳。"

"如何去诗国?"杜甫急切问道。

沙鸥一时哑口,似有难言隐情,在杜甫多次追问下,才缓缓道来:"每个诗人,都有一缕诗魂。诗魂缥缈无形,极易流散。它不可归于长江,那样会流入大海,泯灭外邦,不知所踪。也不可埋于高山,那样会禁锢一处,困守牢笼,无法润泽后世。"

"你这鸟儿,啰哩啰唆,有话直说。"

"凡进入诗国者,不留躯体,只取诗魂。"

…………

一团乌云缓缓移动,遮住月光,几只乌鸦长鸣几声划过江面。杜甫明白了。

自他离开成都,身体每况愈下,牙齿脱落,眼花了,半耳聋。左臂疼痛僵硬,一喝酒更痛苦万分,有医者说是消渴症。他还有肺病。

杜甫早就想过会有这一天，只是没想过，自己会在这个暮春的夜晚，跟一只鸟儿谈论。沉默半晌，杜甫庄重问道："诗国入口在哪里？"

沙鸥拍打翅膀，再次如离弦之箭飞起，绕杜甫头顶来回盘旋，不知道是激动，还是悲痛。待它缓缓落下，才郑重吐出两个字："洞庭。"

杜甫听罢，又哈哈大笑起来。酒壶空了，他跑到船舱，又拎出一壶。

他在船头手舞足蹈，且吟且唱，把小船踩得左摇右晃。他已经好久没有这样畅快地笑过了。

那一晚，杜甫吟唱了一夜的诗，有些是他自己的，有些是李太白的，更多的诗，属于一个叫屈原的古人。

06

不知不觉，天已大亮。

杜甫揉揉昏花的老眼，从船头爬起来，不小心踢到甲板上几个空酒壶，几本诗卷横七竖八，在晨风中哗哗作响。

昨夜的一切似乎历历在目，可现在想起来，又感到匪夷所思，一时间，杜甫分不清那只雪白的沙鸥，是梦境还是现实。

拖着疼痛的身体，杜甫弓起腰，手扶甲板，慢慢整理凌乱的小船。诗卷一本本收好，酒壶一个个摆放整齐，笔墨纸砚装进袋子。突然，在船舷下的角落，他发现一根雪白的羽毛。

拿在手上，再揉揉眼睛，没错，就是一根羽毛。

沙鸥的羽毛。

[阅读提示]

1.史载：杜甫晚年离开成都，在夔州居住两年，准备北上洛阳。行至潭州（今湖南长沙）遇到战乱和大水，困于潭州，后在湘江一条破船上去世，时年五十九岁。

家人将灵柩运往岳阳安葬。四十多年后，杜甫之孙杜嗣业才将祖父棺椁迁往洛阳偃师县，葬于杜审言墓旁。

湘江属洞庭湖水系，岳阳在洞庭湖之滨，宋人有诗：

> 水与汨罗接，天心深有存。
> 远移工部[①]死，来伴大夫[②]魂。
> 流落同千古，风骚共一源。
> 江山不受吊，寒日下西原。

2.《旅夜书怀》创作时间为公元765年，而《登高》应为公元767年，本文依据两首诗的含意及意境，为贴合虚构故事，故打乱其顺序。

---

① 工部：杜甫曾任工部员外郎。
② 大夫：三闾大夫，指屈原。

刘禹锡：有本事你来咬我呀

以前我的生活里只有诗，
现在倒是诗和远方都有了……

我是个诗人。

我的诗,你们都听说过,但关于我的一生,你们了解得还不够。

我现在老了,每天在洛阳的别墅里晒太阳,衣食无忧,朝廷给我的退休金足够我养老。

闲着也是闲着,就跟你们唠十块钱的吧。

01

我爸中年得子,有了我。

他是个文化人,认为我是上天赐给他的,就翻遍古书,给我取了名,叫刘禹锡。

这俩字大有来头,取自"禹锡玄圭,告厥成功",意思是尧帝为了表彰水利工程师大禹同志,赐给他一块玉圭。在上古时代,汉字还有bug,锡,就是赐的意思。

后来我出名了,有个堂弟,竟然就取名"刘禹铜"。唉,没文化,真可怕。所以导致很多人说我家里是开矿的。你才是开矿的,你们全家都是开矿的!

小时候,我勤学好问,提的一些问题,老师都回答不上来。妈妈从不担心我的学习,只是老师们总是打着给我减负的旗号,实际上是给自己减负。

02

公元793年,我二十二岁。

我参加了公务员考试。从考场出来的那一刻,我点了一根烟,知道这事成了,我中了进士。

什么?你不知道二十二岁中进士有多厉害?

那我告诉你,进士很难考,每年全国才录取二三十个。有句话是"三十老明经,五十少进士",明经考的是记忆力,不难,三十岁考上,就算老的了。进士考的是创造力,五十岁考上,也算年轻的。有的人都当爷爷了,还在考。

我有个死党叫白居易,别看他写了"离离原上草,一岁一枯荣"那么厉害,还不是二十七岁才考上!他还连续刷了半个月的朋友圈显摆:"慈恩塔下题名处,十七人中最少年。"

这厮,二十七岁还敢自称少年,脸皮比少年怒马还厚!

我二十二岁就考上了,只是我低调,我不说。

因为我的梦想,从来就不是当一个公务员。我的梦想,是大唐梦,是重现盛唐荣光。

03

李唐皇帝们太不靠谱，对外管不住藩镇，对内管不住太监。我着急呀。

我必须做点什么，才能不辜负"禹锡"这个名字。

要做大事，就得找团队。

幸好，我不是一个人在战斗。跟我同一年考中进士的，有个叫柳宗元的兄弟，人靠谱，讲义气，文章也写得好。我们经常一起喝酒撸串，到处交朋友，后来认识了韩愈、元稹，当然，还有白居易。

他们都很有才，也有梦想。跟当时很多只想做官发财的人比，我们不一样。

但有一点是一样的，我们都做着小公务员，为生活忙忙碌碌。

每个人都有命中的贵人，做了几年公务员后，我遇到了我的贵人，他叫王叔文。

你不知道这个名字我不怪你，因为我俩认识没两年，他就死了。

04

那是一段令人伤心的往事。那一年，我三十二岁。

我的文章总在朋友圈刷屏。某天晚上，我正要睡觉，收到一条信息："在下王叔文，求通过。"当时我并不认识他，粉丝太多了，加不过来，就没搭理他。

半炷香时间，又发来信息："太子侍读，王叔文。"

啥叫侍读？可不仅是服侍读书，那是个官职，负责给太子授书讲学的。将来太子继位，他就是"帝王师"。李白、杜甫等前辈的终极梦想，就是这个岗位。

幸运女神在向我招手，机不可失。

在王叔文那里，我又结识了很多大咖。比如翰林学士韦执谊、长安市长韦夏卿（他有个女儿叫韦丛，很漂亮，后来嫁给了元稹）。

还有个大叔，叫令狐楚，位高权重。多年以后他收了个学生，叫李商隐。

还有个叫牛僧孺的小兄弟，当时他还是无名之辈，没想到之后因政治才华爆棚，跟李德裕互黑几十年，史称"牛李党争"。

当然，这都是后来的事了。

几年后，我们终于等来了机会，先皇驾崩，太子继位，就是唐顺宗。我们风光一时。

但唐顺宗一点也不顺，我们风光也真的是一时。因为顺宗刚继位，就得了风疾，几个月后被迫退位，次年就死了。

我一定是哪里得罪了幸运女神。

新皇帝继位，是唐宪宗。

唐宪宗对我们这帮人恨之入骨，御笔一挥，我们倒霉。

王叔文被赐死，王伾死得莫名其妙；我和柳宗元、韦执谊等八个人被发配到偏远地区当司马（司马听起来厉害，其实就是个小小的治安官）。这就是"二王八司马"事件。

宪宗为了关照我们，还特意加上一条"纵缝恩赦，不得量移"。

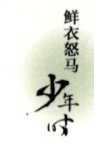

意思是，就算朝廷大赦天下，也没我们的份。

唉，李白那样的狗屎运，我是等不到了。

我们的革新行动，只持续了一百四十六天，那一年是永贞元年，史称："永贞革新"。

我先被贬到连州，后来改到朗州；柳宗元兄弟被贬到永州、柳州。都太远了。

以前我的生活里只有诗，现在倒是诗和远方都有了……有些人那么向往诗和远方，我真想不通。

05

其他朋友也好不到哪里去。没过多久，韩愈大哥因为一篇热文，揭露旱灾，被贬；元稹兄弟因为跟太监争酒店大床房，被贬；白居易因为越级上书，也被贬。

官场套路太深，只有靠阿谀奉承才能苟活。

但我们不一样。

不就是被贬吗？老子不能认怂，我要用诗回击他们：

自古逢秋悲寂寥，我言秋日胜春朝。
晴空一鹤排云上，便引诗情到碧霄。

谁说秋天就该哭哭啼啼，没看到秋高气爽吗？！

在被贬的日子里，我上完班就跟朋友饮酒写诗、游山玩水，爽。

这样的日子，一晃就是十年。

俗话说，时间是一把杀猪刀。这十年，朝廷内部斗来斗去，很多猪被杀了。

那些人蠢得要命，该死。

我们，终于等来了平反的消息。

那天真是个好日子，我走在朱雀大街上，春风拂面。长安，我又回来了。

听说我重出江湖，老友们很高兴，约我一起去看花。

长安城南，玄都观，观里桃花朵朵开。十年前我叱咤长安的时候，那些桃树还没有栽下，那些只会阿谀奉承的得势小人，还不知道在哪里，这会儿都人模狗样的。

好吧，老夫忍不住诗兴大发：

元和十年自朗州承召至京，戏赠看花诸君子

紫陌红尘拂面来，无人不道看花回。

玄都观里桃千树，尽是刘郎去后栽。

我就是鄙视你们，怎么着？有本事你来咬我呀。

然后……我真的就被咬了。

他们马上向皇帝打我的小报告，说我讽刺朝廷新贵。又一道圣旨下来，我们哥几个屁股还没暖热，又要被发配。

06

十年啊！我们等了十年，等来了第二轮发配。这次更狠，朝廷的原则是，有多远滚多远。

我成了头号打击对象，要把我贬到播州（今属贵州），真黑呀。

危难之际，柳宗元兄弟念及我老妈年事已高，怕我到时候奔丧都来不及，就伸出了援手，要用他的柳州换我的播州。够义气，好兄弟。

但我怎么忍心！后来经过活动，我去了连州。

我没事，不就是再次被贬吗？大不了，一辈子不踏进长安。只是宗元兄弟有点扛不住了，动不动就找我倾诉：

> 十年憔悴到秦京，谁料翻为岭外行。
> ……………
> 今朝不用临河别，垂泪千行便濯缨。

不只找我，还喜欢@其他几个难兄难弟：

登柳州城楼寄漳、汀、封、连四州
城上高楼接大荒，海天愁思正茫茫。
惊风乱飐芙蓉水，密雨斜侵薜荔墙。

> 岭树重遮千里目，江流曲似九回肠。
> 共来百越文身地，犹自音书滞一乡。

登上高楼，满目荒凉。狂风暴雨，摧花折草。岭南千里路，就像我的九曲愁肠。咱们一帮兄弟，被贬到这些喜欢文身的蛮荒之地，连个E-Mail都发不了呀。

唉，我只能安慰他了：朋友别哭，要相信自己的路。

可是几年后，宗元兄弟还是没了。我很伤心，推掉一切事务，跑去给他料理后事。他的小儿子还年幼，我就带回家帮他抚养了，视如己出。

我这辈子，唯一对不住的，就是宗元兄弟。

那几年里，我一直被调来调去，从连州又被调到夔州、和州。

我拿着芝麻官的钱，操着宰相的心。

谁都看得出来，大唐的辉煌快要一去不返了，那些人难道看不出来吗？还是在装睡？

我从夔州顺江而下，想起了很多事情，历史从来不曾远去，一直在重演。路过鄂州，我看到了西塞山。五百年前，那是西晋大将王濬出征的地方，他带着十万水军开足马力，直捣金陵。那么富庶的吴国，就这么game over（亡国）了：

> 王濬楼船下益州，金陵王气黯然收。
> 千寻铁锁沉江底，一片降幡出石头。
> 人世几回伤往事，山形依旧枕寒流。

> 今逢四海为家日，故垒萧萧芦荻秋。

写这首《西塞山怀古》，就是要告诉朝廷，不信抬头看，苍天饶过谁。

到了金陵，曾经的富贵之地乌衣巷，现在只剩下小笼包和鸭血粉丝汤的小吃店了：

> 朱雀桥边野草花，乌衣巷口夕阳斜。
> 旧时王谢堂前燕，飞入寻常百姓家。

这首《乌衣巷》，是送给那些豪门权贵的。王导、谢安比你们厉害吧，现在还不是尽皆尘土了。

这首《台城》，是送给皇上的：

> 台城六代竞豪华，结绮临春事最奢。
> 万户千门成野草，只缘一曲后庭花。

陈后主的台城皇宫那么壮观，结绮阁和临春阁双子座那么奢华，现在连一片瓦都找不到了。

你们啊，就作吧。

就这样，又过了十三年，我收到了平反的诏书。

长安，我又回来了。

07

巴山楚水凄凉地，少年子弟江湖老。当时，我已经五十七岁了。

那些年，朝廷就像个菜市场，光皇帝都换了五个，当年黑我的那些人，也不知道哪儿去了。

我又去了玄都观，绕了几圈，也没看见一棵桃树。

一切风光，总有落幕的一天。我又禁不住诗兴大发：

再游玄都观

百亩庭中半是苔，桃花净尽菜花开。
种桃道士归何处？前度刘郎今又来。

老子又回来啦，有本事你来咬我呀！

然后……我又被咬了。

本来，皇帝赐我紫袍、金鱼袋，是想让我做翰林学士的，给皇帝出谋划策、起草诏书。没承想，又有小人拿诗说事，打我的小报告。最后，把我调往洛阳，给了一个分管文化的闲差。

也罢，人老了，图个清净，老子不跟你们玩了还不行吗？况且白居易还在洛阳等着我呢。

想想我这一生，三十岁烈火烹油，指点江山，然后却是二十三年的贬谪生涯。人生真像一盒巧克力呀。

如果你还不知道我在说什么，就读读白居易给我写的诗吧：

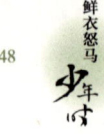

醉赠刘二十八使君

为我引杯添酒饮,与君把箸击盘歌。
诗称国手徒为尔,命压人头不奈何。
举眼风光长寂寞,满朝官职独蹉跎。
亦知合被才名折,二十三年折太多。

他那天喝醉了,话多,但说的都对。命压人头,我还能怎么办?武元衡这样的大军区司令都被咔嚓了,我一介书生还能咋的?

我信这都是命,但我终究没有低头。我未能改变世界,但我做到了不被世界改变。

只是,二十三年,实在太长了。

知我者,老白也。

每个诗人都有封号,比如诗仙、诗圣、诗佛。我的封号是白居易封的,朋友们都说,我性格倔强,九头牛都拉不回来,写的诗也很牛,要封我为"诗牛"。白居易这厮特小气,嫉妒我,就给我封了"诗豪"。

不过,名字都是浮云,凑合用吧。

现在的我,在洛阳养老。回首一生,虽然"二十三年弃置身",但我"暂凭杯酒长精神"。

老兵不死,只是慢慢凋零。再见了,江湖。再见了,官场。

好了,白居易和小蛮来啦,就聊到这里吧。

薛涛：一个女诗人的复仇

让一个女人失去爱情，
比让一个军阀失去权力
更加危险。

多年以后，白居易每次来到元稹墓前，都会重复一句人生教训：让一个女人失去爱情，比让一个军阀失去权力更加危险。

01

公元815年，深秋。

大唐超级网红白居易，已被贬为江州司马，这是个闲差，没有实权。

那天傍晚，浔阳江畔，白居易送一个朋友远行，二人船头对饮。分别之际，附近一只画船里忽然飘来琵琶声，曲调很熟悉，一听就知道是京城才有的名曲。

送走朋友，白居易迫不及待登上画船。在这个孤独的异乡秋夜，没有比一曲琵琶更能消愁的了。

见有客来，伙计手脚麻利，船头小方桌上，已添酒上菜。船舱用竹帘隔开，微弱光线下，一个姑娘若隐若现。

有酒有歌有美女，此情此景，怎能少了诗？

白居易两眼盯着竹帘，歪头一笑："敢问姑娘，可有纸笔？"

只听手指扫过琴弦，一个娇媚的女声："大人既是诗人，何不自备？"

白居易笑了，只这一句，可知这个女人不俗。他兴致更高了："姑娘好大的胆，竟敢私奏《霓裳羽衣曲》。"

"不奏此曲，怎能引得大人上船？"

"朝廷教坊大曲，私奏可是要杀头的。"

竹帘依旧，语气如常："我只是弹了贵妃的曲子，而有的人，却写了贵妃的八卦。要杀头，也有垫背的。"

白居易又惊又喜："你，认识我？"

"唱曲弹词的，谁不知道你白乐天。"

说着，姑娘递过来一沓纸。

那纸既不是民间常用的白色，也非公文常用的黄色，而是略带粉红。凑近鼻子一闻，还有淡淡的芙蓉花香。

白居易是识货的。这种纸工艺复杂，加入各种花瓣，乃是川蜀第一才女薛涛发明，人称"薛涛笺"，是纸中极品，只在上流文人雅士间流传。

一个江湖卖唱的歌女怎么会有？他更惊讶了："你怎么会有薛涛笺？"

竹帘再次撩开一条缝，一只素手递出毛笔：

"本姑娘正是薛涛。"

02

白居易有点不敢相信。

薛涛诗才过人,英气不输男子,是川蜀歌伎界的当家花旦。大唐诗人和达官贵人凡去成都,"见薛涛"永远在行程之内。

几年前,他就从好友元稹那里听说过薛涛。元稹风流倜傥,阅女无数,却唯独对薛涛念念不忘,一个劲地炫耀性夸奖。看得出来,元稹在薛涛那里,不仅留下了诗文,也留下了魂儿。

二人的爱情故事,早已是文坛公开的秘密。

只是,成都到江州千里之遥,薛涛是为何而来?又为何偏偏被他遇见?怎会有如此巧合?

"薛姑娘知道我在这里,想必不是偶然路过,莫非,有事找我?"

"确有一事。"

"哦?说来听听。"

"白大人既是因琴声上船,何不我作歌,你作诗,我们边唱边聊?"

白居易哈哈大笑:"如此,甚好。"他径直走向船舱,掀开竹帘。

在他面前,是一张难以形容、干净朴素的美人面,与他见过的所有歌女都不一样。这张脸上,有诗文滋养的光彩。

"果然才貌双美,元稹老弟艳福不浅。"

薛涛没有放下琵琶,她微微抬头,神情语气依然如谜:"白大人过奖。可惜有人得福,而不知福;有人得祸,而不知祸。"

白居易更加迷惑,可还没等他说话,薛涛便拨动了琴弦。

琴声低沉,如泣如诉。他顿时起了忧伤,提起笔,开始写:

> 浔阳江头夜送客,枫叶荻花秋瑟瑟。
> 主人下马客在船,举酒欲饮无管弦。
> 醉不成欢惨将别,别时茫茫江浸月。
> 忽闻水上琵琶声,主人忘归客不发。
> ………
> 千呼万唤始出来,犹抱琵琶半遮面。
> 转轴拨弦三两声,未成曲调先有情。

一曲终了,薛涛瞄向白居易面前的诗句:"都说大人当今第一诗才,今日领教,果不虚传。"

"诗,我已开写,方才说有人得祸,不知何解?"

"大人因何贬此江州?"

"一言难尽。你一介女流,说了你也不懂。"

"所以说,你不知祸。"

白居易脸上,已经全无笑容,只有更多的迷惑。"莫非,你知道武元衡案?"

"正为此而来。"

许久,白居易没有接话。

外头明月高挂,水面银光闪烁。一束月光透过竹帘,照在他

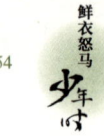

四十四岁的脸上,显得格外惨白。

他把杯中酒一口喝下,望向窗外,思绪回到了几个月前——那个恐怖的夏日凌晨。

03

彼时,大唐帝国朝内宦官干政,骄横空前;朝外藩镇割据,公然跟朝廷对抗。更为棘手的是,宦官集团与藩镇势力早已暗中勾结。而文武百官分为两派,一派主张委曲求全,纵容藩镇"独立",一派主张大兵开拔,收拾这些不听话的小弟。

在主战派里,职位最高、态度最坚决的人,就是当朝宰相武元衡。

那天晚上,一天的朝堂喧嚣总算消散了,长安月色如洗。武元衡在院子里池台边徜徉赏月。唉,如果这清风明月、美景良辰不会逝去该多好啊。他提起笔,写了一首短诗:

> 夜久喧暂息,池台惟月明。
> 无因驻清景,日出事还生。

意思是:夜深了,喧嚣散去,池台明月如此美好。可惜我不能留住这美景,天一亮,又得去面对那一堆糟心的公务。

然而,这位深谋远虑的帝国宰相怎么也想不到,他已经没有机会看到明天的日出了。

五更时分，武元衡和往常一样，骑上马出了相府。他的前面是一名骑马侍卫手持灯笼开路，后面四名仆人跟随。此时的长安城还在沉睡，大街上，除了负责宵禁的治安兵，只有上早朝的大唐官员。

一行人缓缓前行，走过笔直的街道，来到了靖安坊。

突然"嗖"的一声，侍卫手中的灯笼应声熄灭。武元衡是武将出身，这声音他太熟悉了，是白羽箭离弦的声音。可是还没等他反应过来，嗖嗖嗖，又几支箭一齐射来。侍卫从马上一头栽下，武元衡只感到腿部一阵剧痛，五个黑影从旁边飞出，奔他而来。后面的四名随从，两个倒在地上，另外两个见势不妙，扔下灯笼拔腿就跑。

刀枪棍棒同时向武元衡袭来，他毫无还手之力。黑影中的一个，手持大刀狠狠砍下，武元衡人头落地。

而同一时刻，在不远处的通化坊，一位叫裴度的御史中丞也遭遇了同样的袭击。只是裴度比较幸运，因他的藤条帽子挡了一刀，等到了治安官兵，捡回一条命。

血腥之气弥漫长安，满朝惊骇。

在唐宪宗主持的案情分析大会上，很多官员不敢吭声。大家都知道，他们在朝堂上所说的每个字，第二天就会传到各个藩镇。于是，又是一片议和之声，劝皇帝对藩镇好生安抚，以换取帝国的和平（和自己的身家性命）。

这时，一个小言官站了出来，他言辞激烈，慷慨陈词："我煌煌大唐，竟然连自己的宰相都保护不了，全尸都没留下，这何止是谋

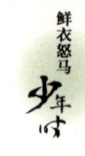

杀,是对我大唐的羞辱!"

这个小言官,就是白居易。

04

又一阵琵琶声,把白居易的思绪拉回船舱。

"白大人可知,你为何会被贬到这里?"薛涛手压琴弦。

"先说我越级进言,又给我扣了个不孝的罪名,可能朝廷真的不敢惹藩镇吧。"白居易声音低沉。

"你黑朝廷不是一天两天了,打你小报告的信都有好几抽屉,而皇上从未降罪于你,又怎么会因不孝贬你的职?"

"皇上套路太深,我猜不透。"

"大人有没有想过,皇上其实是在保护你?"

白居易又是一脸迷惑:"此话怎讲?"

"大人说要发兵藩镇,可这八方藩镇,相互勾连。凶手不明,怎么打?"

"这个我知道,但总不能什么都不做吧。"

"不是不做,而是秘密地做。在发兵之前,让大人您这样的复仇派退出朝堂,才能让真凶放松警惕。"

白居易脸上有了一种恍然大悟的神情,可突然他似乎想起了什么:"这些都是谁告诉你的?"

"这杀头的事,除了你的死党元稹,还能有谁?"说着,薛涛把一张纸递给白居易。

那是一首元稹的诗:

闻乐天左降江州司马

残灯无焰影幢幢,此夕闻君谪九江。

垂死病中惊坐起,暗风吹雨入寒窗。

"白大人被贬江州,元稹很担忧,'垂死病中惊坐起',这个挨千刀的,对我,都没有这么上心。"

白居易"嘿嘿"笑了,元稹果然是好兄弟啊。"我自从被贬江州,这里突然多了一些可疑的人、敏感的事,从不敢书信传达。今日多谢薛姑娘告知。"

"大人不必谢我,我反要谢大人。"

"哦?这又是为什么?"

"为一个人。"

"元稹?"

薛涛没有回答,她指指桌上的笔,又弹起了琵琶。白居易会意,在"六幺"的曲调中,继续写:

弦弦掩抑声声思,似诉平生不得志。

低眉信手续续弹,说尽心中无限事。

轻拢慢捻抹复挑,初为霓裳后六幺。

大弦嘈嘈如急雨,小弦切切如私语。

嘈嘈切切错杂弹,大珠小珠落玉盘。

间关莺语花底滑，幽咽泉流冰下难。

一曲又终，白居易搁下笔说："元稹虽然风流，但还是思念你的。"

"白大人，我虽然受他所托来见你，但并非为他。"

"那是为谁？"

薛涛略微迟疑，说出三个字："武元衡。"

"这么说，你跟武元衡有……"

没等白居易说出后半句，薛涛打断了他的话："武元衡对我，有恩情。"

"什么恩情？"

"知遇之恩，赎身之情。"

"哦？愿闻其详。"

05

时光仿佛静止了。船外偶尔一两声鸟啼。

船舱烛光摇曳，柔和的光线照在薛涛脸上，有两颗晶莹的泪珠落下。她拿起了酒杯说："数年前在成都，我被流放松州，那里荒山野岭，野兽出没，周围的臭男人像苍蝇一样，当时，想死的心都有。"

"这件事，我听元稹提起过。"白居易似乎在安慰她。

"直到有一天，武元衡来了。他是新上任的西川节度使。我想做最后一次努力,就给他写了一首诗。我想,如果他能救我于危难,我会感激他一辈子的。"

这首诗是《罚赴边上武相公》:

按辔岭头寒复寒,微风细雨彻心肝。
但得放儿归舍去,山水屏风永不看。

"后来呢?"

"后来,武大人真的给我回信了。他写道:'上客彻瑶瑟,美人伤蕙心。会因南国使,得放云海深。'我又回到了成都,他不但要帮我脱离乐籍,还上书朝廷,要让我做女校书。"

"女人做校书?这可是我大唐从来没有的事啊。"

"是啊。当时我就想,如果他愿意,我愿以身相许。只是没想到,武大人不久就被调往长安,我们有缘无分。"

"我明白了,武元衡被杀,激起了你的复仇之心。"

"凡做坏事,皆有代价。"

白居易忽然干笑了几声,说:"朝廷都不敢复仇,你一个女子,还是弹你的琴,写你的诗吧。"

"那是因为,朝廷还没找到凶手。"

"难道……你知情?"

06

"是元稹告诉我的。"

薛涛换掉燃烧尽的蜡烛,也喝了一杯酒,接着说:"他现在也是被贬之人,得知你因此事贬到江州,特有一事,让我告诉你。"

白居易揉了揉眼睛,等着下面的话。

"那是事发前一个月,元稹出差,下榻敷水驿站。那天夜里,他买酒回来,经过一个房间,透过门缝,无意中看到当朝大太监的贴身总管,正在和一个似曾相识的人低声说话。"

"这,有什么异常?"

"本来无异常,只是他们提到了武元衡和裴度。"

"太监不得妄议国事,我就知道这帮人不安好心。"白居易愤愤地说,"那么,另外那个人是谁呢?"

"元稹当时也没太在意。他走进自己的房间正准备喝酒,门被一脚踢开,那个太监总管进来了,他大呼小叫,说整个驿站被他们包了,要元稹马上滚出去。元稹不答应,最后被那群人鞭打了一顿。"

白居易接过话茬:"分明是太监恶人先告状。"

薛涛似乎沉浸在自己的思路里,继续说:"元稹到了通州,越想这事越觉得不对。太监是狠毒,但不蠢,跟一个朝廷命官抢房间,这个理由,有点说不过去。"

"你是说,另有隐情?"

"武元衡遇刺后,大家都在提防藩镇,元稹突然想起,那晚跟太监总管在一起的人,竟然是尹少卿。"

"成德节度使王承宗的军师?"

"没错,就是他。"

许久,白居易没有作声。这个消息足以证明,成德节度使王承宗很可能是凶手之一。甚至,顺藤摸瓜,还可能找到宦官集团的实锤。

薛涛的琵琶声再次响起。这次的曲子跟前面截然不同,节奏极快,音调清脆,不时有弹、挑、勾、扫等手法,时而如银瓶碎地,时而如万马行军,时而又像一块帛被瞬间撕裂。

白居易蘸满墨汁,继续写那首长诗:

> 冰泉冷涩弦凝绝,凝绝不通声暂歇。
> 别有幽愁暗恨生,此时无声胜有声。
> 银瓶乍破水浆迸,铁骑突出刀枪鸣。
> 曲终收拨当心画,四弦一声如裂帛。
> …………

07

月已西斜,四周更安静了。

江风透窗而入,带来潮湿的寒意。船头的伙计,已经有了均匀的鼾声,二人又加了酒,兴致不减。

白居易先开口:"我有办法把消息传给皇上,半个月后,有个可靠的人……"

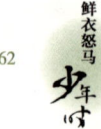

他还没说完，薛涛已经打断："我相信白大人可以办到，后面的事，我就不必知道了。"

"那，咱们聊点别的？"

"人人都说，白大人风流倜傥，怎么对我的身世一点也不好奇，看来我真的老了。"

白居易脸上的严肃表情消失了，气氛开始轻松起来。他说："薛姑娘哪里话。来，说说你吧，不然这诗的下半段还真不好写。"

"我本是长安人，父亲是个小官，后来被调往成都，举家搬迁。本来，我也应该像普通女子那样，吟诗习字，长大找一个良人嫁了。"说到这里，薛涛停顿了一下，面露忧色。

"后来呢？"

"几年后，父亲突然去世，我们全家失去了依靠。那年，我才十二岁。"

白居易递上一方绢帕，静静地听着。

薛涛的声音带着哽咽："那年起，我进了教坊。练琴、习诗、歌舞，净是讨好男人的本事。酒席歌筵，我们作陪，如同男人的玩物。"

听到这里，白居易擦了一下额头。

"可即便这样，姐妹们还相互轻视，钩心斗角。每次教坊赛艺，我都是头筹，受人嫉妒。唉，女人何苦为难女人。后来年龄渐长，几个好姐妹，有的做了别人的侍妾，有的流落青楼，还有的嫁了小商贩。而我，孤独至今。"

薛涛声音哀婉，令白居易也不禁伤感起来，他揉了一下蒙眬泪眼，继续写：

> 自言本是京城女，家在虾蟆陵下住。
> 十三学得琵琶成，名属教坊第一部。
> …………
> 今年欢笑复明年，秋月春风等闲度。
> 弟走从军阿姨死，暮去朝来颜色故。
> 门前冷落鞍马稀，老大嫁作商人妇。
> 商人重利轻别离，前月浮梁买茶去。
> …………
> 我闻琵琶已叹息，又闻此语重唧唧。
> 同是天涯沦落人，相逢何必曾相识！
> …………
> 凄凄不似向前声，满座重闻皆掩泣。
> 座中泣下谁最多？江州司马青衫湿。

写到这里，他自然而然想到元稹。这家伙只说薛涛才貌双全，没承想，她竟有如此坎坷的身世。

他想安慰她："薛姑娘，其实……元稹对你是真感情。"

薛涛干笑了一声，语气中有怨恨："是呀，他感情很真……对许多女人都真。"

"是是是，回头我帮你教训他。"白居易面露一丝尴尬。

诗已经写完，他又重新读了一遍，没有涉及今天的敏感话题，也改了薛涛的身份，就算这首诗像他的《长恨歌》一样红遍大唐，也没人会知道主角是谁，更不会知道在这个异乡的夜晚，他们都谈了什么。

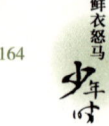

嗯，没有疏漏，堪称完美。他把笔尖放在诗头，郑重地写上三个字：琵琶行。然后慢慢卷起诗稿，递给薛涛。

"白某荣幸，今日终于为薛姑娘写了一首诗。"

薛涛接过诗卷，又是一个神秘的微笑。"不，白大人，是第二首。"

白居易满心疑惑："薛姑娘何出此言？"

"还记得您的这首诗吗？"说着，薛涛从袖中拿出了一张纸。

白居易接过来一看，顿时一阵紧张。那竟是两年前，他在酒后帮元稹写的"分手诗"。

08

彼时，薛涛在成都苦苦等待，而元稹处处留情，只哄新人笑，不闻旧人哭。薛涛寄来的情诗一封接一封，而元稹或许是愧疚，或许是心虚，始终不敢回信。白居易大笔一挥，哥来帮你。

于是，他竟然以元稹朋友的身份，给未曾见过面的薛涛，写了一首诗：

峨眉山势接云霓，欲逐刘郎此路迷。
若似剡中容易到，春风犹隔武陵溪。

意思是：你在那么远的成都，要撩元稹，此路不通啊姑娘。就算是十里春风，想吹到他所在的剡中，中间还隔着迷宫一样的桃花源呢。

写这首《与薛涛》本来只是意气用事，交给驿站的公差后，白居易就把它忘了。没想到，这诗薛涛竟一直留着。

如果没有这白纸黑字，他一定不会承认。只是现在，尤其在听完薛涛的经历后，他只觉得一阵愧疚。在她苦苦等待元稹的日子里，这首诗无疑给她雪上又加了一层霜。

船内不觉间渐渐明亮。外面传来渔夫悠扬的渔歌，天已经亮了。

白居易整理一下倦容，说："那都是酒后醉言，薛姑娘千万别当真。"

"酒后醉言？这话白大人还是留着给元稹说吧。"

白居易脸上出现了更大的问号："给元稹说？什么意思？"

薛涛微微一笑："白大人是聪明人，想想看，你我孤男寡女，在船舱共度一夜。要是被元稹知道了……"

说着，她扬起手中那首新鲜出炉的《琵琶行》。

白居易顿时睡意全无。他讽刺时政，被人说不忠；他母亲去世，朝廷以不孝治罪。元稹是他最好的朋友，如果经薛涛演绎一番，他就会又多一项罪名——不义。

再说，他更不愿失去元稹这个朋友。

"薛姑娘，你到底要闹哪样？"

薛涛完全没了刚才的温婉态度，笑声比外面的渔歌还嘹亮，她再次扬起那首《琵琶行》："你拆散我俩，我也要拆散你俩！"

〔阅读提示〕

本文将薛涛设定为《琵琶行》中女主角，乃艺术创作，并非史实，其他历史细节基本属实。

李贺：天若有情天亦老

你可以不喜欢我,
但你永远不会忽视我。

01

公元237年,一个深秋的下午。长安中央,破败的宫院里西风萧瑟,黄叶翻飞。

残垣断壁之间,几只老鼠被一阵脚步声惊动,四处逃窜。来的是一群魏国的官兵,为首一人是礼官。他带着五十人的队伍,穿过垃圾场一样的废墟,走到宫殿前门,在一座雕像前停住。

那是一尊纯铜的人形雕像。铜人身高三丈,衣袂飘飘,双手高举,托着一只巨大的铜盘。

三个工匠快速爬上施工架,用细沙仔细打磨。斑驳铜锈一层层褪去,露出金灿灿的黄铜肌理,周身金光,焕然一新。

礼官一声令下,铜人在两根粗绳的牵引下轰然倒地。一辆由四匹马拉的车停在旁边,在喧闹的口号声中,铜人被装上马车,咯吱咯吱向门口走去。

突然"啊"的一声,一个士兵发出一声尖叫。在西风呼啸的黄昏,这叫声让人毛骨悚然。队伍前面的礼官快步折回,他想看看,是什么让一个久经沙场的老兵如此恐惧。

在老兵的面前,是躺倒的铜人的头部。他也不禁大吃一惊,寒毛竖立。

他看到,从铜人那被打磨光滑的眼睛里,竟然流出银白色的眼泪。如同,融化的铅水。

——铜人哭了。

02

铜人所在的宫殿,取"没有灾殃,长生不老"之意,叫未央宫。

这个铜人,叫金铜仙人,他托举的铜盘,叫承露盘——用于承接天上的露水。享用露水的人,叫刘彻,曾经的汉武大帝。他相信,常饮露水能够长生不老。

但他还是在七十岁那年死了。

三百多年过去了,曹丕之子魏明帝曹叡即位,他也想长生不老,就派人把金铜仙人承露盘,从长安搬迁到他在洛阳的宫殿,于是就出现了开头的一幕。

然而,仅两年后,三十五岁的魏明帝也死了。

又过去五百多年,历史来到中唐。唐宪宗也想长生不老,大明宫内有了更多的金铜仙人承露盘。

某天夜里,皇宫礼部办公室。一个职位为奉礼郎的九品小官趴在桌子上。白天,他刚刚把十几个金铜仙人承露盘擦拭了一遍。他觉得这份工作很可笑,没有丝毫意义。他知道,皇帝喝再多的露水,也不能长生不老,更不能再创大唐盛世,而大唐的子民还在生死线上挣扎,只能喝露水。

他拨了拨灯芯,拿起毛笔。一首历史悬疑科幻诗诞生了,名字就叫《金铜仙人辞汉歌》。这首诗初读有点晦涩,但如果看懂了,就会打开一个奇异的世界:

> 茂陵刘郎秋风客,夜闻马嘶晓无迹。
> 画栏桂树悬秋香,三十六宫土花碧。
> 魏官牵车指千里,东关酸风射眸子。
> 空将汉月出宫门,忆君清泪如铅水。
> 衰兰送客咸阳道,天若有情天亦老。
> 携盘独出月荒凉,渭城已远波声小。

在埋葬刘彻的茂陵里,晚上会传出战马的嘶鸣声,天亮就消失。曾经多么威武的汉武大帝啊,现在却像秋风一样成为历史的尘埃。

未央宫的深秋,桂树依旧飘香。三十六个宫殿,都长满了苔藓。

魏国的官员要把这铜人运到千里之外。长安的寒风吹进铜人的眼睛,令它心酸。

月光之下,铜人孤单地离开了。它思念汉武大帝,流出铅水一样的眼泪。

在咸阳古道,只有衰败的兰花为它送别。如果苍天也有感情,也会为之衰老啊。

然而在渭水河畔,铜人被埋进泥土,只有那只承露盘被带走了。

月色荒凉,长安已远,渭水的声音也越来越小。

读完有什么感觉?

陵墓里的战马嘶鸣、酸风射进眼珠、铅水一样的眼泪、衰败的兰花……这样一幅景象,像不像一个将死之人写的鬼域?

然而,并不是。

诗写完,小礼官抬起头长舒一口气。油灯下,是一张二十四岁的脸庞。

诗尾署名:李贺。

03

一个二十四岁的青年,为什么会写这样的诗句?这要从七八年前说起。

公元806年前后,诗坛发生了很多事:刘禹锡被贬,在广东搞他的新农村建设;柳宗元被贬,在湖南永州的野地里采访捕蛇人;元稹也被贬,正在和他媳妇韦丛话别,并发誓不会爱上别的姑娘;白居易从中央校书郎降级到县尉,第一次体验官场险恶;在长安,一个还在吃奶的三岁小孩已开始认字,他叫杜牧……惊艳晚唐的李商隐,这时还没出生。

那是中唐最黑暗的年代,诗人困顿,诗歌凋零。

在东都洛阳，十七岁的李贺刚刚出道。

他从小体弱，清瘦的脸比他的素衣还要苍白，眼神略带忧郁，有着超越他这个年龄的成熟。

此刻，他从繁华的大街拐进一个胡同，穿过一片牡丹花圃，走进一座宅院。院子不大，站在门口，能听到正屋的谈话声。

他轻敲三下，开门的人，是他的老师——韩愈。

04

彼时，韩愈老师是大唐国立大学的博士生导师，官五品。听起来很厉害，但众所周知，教师工资一向很低，当时的韩老师也经常吐槽："冬暖而儿号寒，年丰而妻啼饥。"

堂堂一个教授都这样了，那他的学生呢？

李贺向韩老师深鞠一躬，走进这间被用作教室的屋子。黑板上写着八个大字——"反对因袭，主张独创"，是这节课的讲义。他们在探讨，如何不嚼前人的剩菜，解放思想，走出一条新唐诗之路。此时的李贺还不知道，他走进的这间韩老师大讲堂，在日后会成为中唐诗坛的尖子班。

这里有擅长古文、不把白居易放在眼里的皇甫湜，有"相思一夜梅花发，忽到窗前疑是君"的卢仝，有"野夫怒见不平处，磨损胸中万古刀"的刘叉，还有书画艺术特长生李汉。在最后一排的角落里，居然还有一个和尚，他穿着皱巴巴的僧袍，谁说话声太大，他就敲木鱼打断,他的名字叫贾岛。而在黑板的另一端,是一位年纪比韩老师还大的老先生,他是助教,叫孟郊。

多年以后,韩老师的学生组织同学会,都自称"韩门弟子"——一个比一个贫寒。

当然,那是后话了。

按照惯例,新生报到,要拿一份"见面礼"。

李贺看着老师问:"那首行吗?"

韩老师点头微笑:是时候让学长们见识一下了,请开始你的表演。

李贺走上讲台,他纤细而苍白的手指,就像粉笔一样。他不慌不忙,在黑板上写了五个字:雁门太守行。下面静下来,有人小声嘀咕:"又是边塞,能有点新意吗?"

李贺没有吭声。韩老师向台下微微一笑,眼神仿佛在说:你等着。

第一句出来了:"黑云压城城欲摧,甲光向日金鳞开。"

台下还在嘀咕:"有点气势,不过,都黑云压城了,哪儿来的太阳呀。"

李贺依旧不言,韩愈始终微笑。

第二句出来了:"角声满天秋色里,塞上燕脂凝夜紫。"

当"凝夜紫"写完,台下似乎凝固了,再没人嘀咕。

李贺继续写:

半卷红旗临易水,霜重鼓寒声不起。
报君黄金台上意,提携玉龙为君死!

当"死"字写完,台下陷入了死寂。片刻之后,掌声雷鸣,连贾岛的木鱼声都听不见了。

这是怎样一幅画面啊!太匪夷所思了,太有新意了,太……无法用语言形容了。他不是在写诗,而是在用文字画画——一幅浓墨重彩的油画:

在遥远的战场,敌军像黑云一样压倒城墙。而我军的铠甲在微弱的日光下,金光闪闪。冲锋号在秋天的战场上回荡,暮色笼罩的土地上,鲜血凝固成紫色。易水河畔,血染的旗帜在飘荡,浓重的寒霜浸湿战鼓,鼓声低沉。我愿意报答朝廷的知遇之恩,提着玉龙宝剑,战死沙场。

什么是好诗?就是在一个神作辈出、已经泛滥的题材里,依然能够有自己的辨识度。你可以不喜欢我,但你永远不会忽视我。

就边塞诗而言,这首《雁门太守行》就是这样的存在。

05

加入了韩老师的尖子班,是不是就可以人生逆袭了?

李贺也是这么想的。

在韩愈的推荐下,李贺先参加了洛阳的府试,相当于省考,通过了才能去长安参加国考。李贺信心满满:以我的才华,你们就等着洗干净手摸我的奖杯吧。

然而,又到了命运上场的时候。

这次的命运,是一项匪夷所思的规定,叫"避讳"。按照当时所谓的"规定",李贺的爸爸叫李晋肃,"晋"与"进"同音,所以李贺不能考进士。

得意门生受了这样狗血的委屈,韩老师当然不会袖手旁观。马上发文喊冤,他的辩词很有说服力:老爹名字里有"晋"不能考进士,如果名字里有"仁",是不是儿子不能做人?

就这样,在韩老师的力争下,李贺勉强通过府试,得到了去长安科考的机会。

可是没想到,狗血剧情再一次重演。李贺落榜了,理由还是"晋"与"进"。韩老师干咳几声,苦笑着摇摇头:"李贺同学,对不起,京城都是大官,老师帮不了你了,断了高考这条路吧。我给争取了一个奉礼郎的工作,钱少活多,你愿意做吗?"

李贺很无奈,但只能接受。

所谓奉礼郎,就是礼部的一个跑腿小官,朝廷举办各种活动,祭祀、选美、搞演唱会啥的,李贺都得忙前忙后,稍不留意,就会被领导骂。

这就是当时的人才选拔现状。

韩愈本人,在得到自己这份工作之前考了多少次呢?说出来吓人,八次。进士考试,考了四次才考中。但考完进士是不能直接安排工作的,还要通过吏部的考试,韩愈又考了四次。李贺的痛苦,没人比韩愈更能体会。

在那段时间里,韩愈老师大声疾呼:"千里马常有,而伯乐不常有。"如果朝廷不会用人，就是"虽有名马，只辱于奴隶人之手，骈死于槽枥之间"。这样的呼声正反映了李贺的心境，他也拿起笔，用一首首写马的诗，声援又高又硬的韩老师，最著名的就是"何当金络脑，快走踏清秋"。

我这样的千里马，为啥没人用呢？

与此同时，他身体越来越差，开始脱发，成宿的失眠，数羊也不管用。

又是一个失眠之夜。半睡半醒之间，李贺脑子里闪过一个个奇异的场景，他梦到自己飞上了天空：

老兔寒蟾泣天色，云楼半开壁斜白。
玉轮轧露湿团光，鸾佩相逢桂香陌。
黄尘清水三山下，更变千年如走马。
遥望齐州九点烟，一泓海水杯中泻。

这首诗就跟诗名《梦天》一样，又是梦，又是天，都是虚无缥缈的意象。

只有两点，能看出李贺的脑洞已经逆天了。一是他觉得月宫里不是一只萌萌哒小兔子，而是一只老兔，还跟寒蟾在哭，这画面太诡异了。二是他站在天上往下看，天下九州就是九粒微小的烟尘，而无边的大海，就是一杯水。

这得有什么样的想象力才能梦见。

06

这一年,刚过完二十五岁生日。正值青春的年龄,可李贺感觉身体越来越差了。

他经常咳血,做噩梦,挂了很多专家号都查不出病因。他这时期写的诗,让人不忍卒读:他每天吃药,"虫响灯光薄,宵寒药气浓";他像个垂暮老人,自称"病骨",经常"还车载病身";他骨瘦如柴面无血色,脱发更加严重,"归来骨薄面无膏,疫气冲头鬓茎少"。

在他眼里,世间万物都蒙着一层悲情色彩:

> 南山何其悲,鬼雨洒空草。
> 长安夜半秋,风前几人老。

还有那首《苦昼短》:

> 飞光飞光,劝尔一杯酒。
> 吾不识青天高,黄地厚,
> 唯见月寒日暖,来煎人寿。

在身体病痛和心理郁结的双重摧残下,活着,对他而言已经是一种煎熬。有的时候,他甚至会写出像恐怖片一样的诗句:"鬼灯如漆点松花""呼星召鬼歆杯盘,山魅食时人森寒"。

这就是他"诗鬼"封号的原因之一。

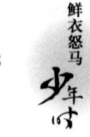

这一年，在朋友的建议下，他辞掉做了三年的奉礼郎，开始养病。他从安徽出发一路南下，去金陵、湖州、杭州，然后继续向南，去了广东。之后再经湖南、湖北，回到洛阳西边的老家。

在广东，一个罗浮山的朋友送他一匹葛布，那是一种触感凉爽的布料。他想写诗表达感谢。一般人无非说"大热天送我这么凉爽的布料，太及时了""咱俩感情好，我想你了兄弟"等等。但李贺提笔就是：

> 博罗老仙时出洞，千岁石床啼鬼工。
> 蛇毒浓凝洞堂湿，江鱼不食衔沙立。

鬼工？啼哭？蛇毒？浓凝？不食？

结合他前后的诗，感觉他这一路行程，就是一个孤魂在游荡。我看过很多名家对这首诗的解读，说实话，我觉得都是在玩拼图游戏。我更不知道怎么解释。甚至怀疑，他写这首诗的时候，神经已经错乱。

07

那一天还是来了。

公元816年的深秋，二十七岁的李贺，躺在洛阳附近老家的老宅里，气若游丝。

萧瑟的秋风把窗户纸吹得呼啦啦作响，冷雨飘了进来，黄叶从枝头飘落，它们将在泥里腐烂。时间过得太快了，就像他短暂的一生。

而此刻，他是清醒的。他用最后一丝力气，写了生命中最后一首诗，名字很简单，叫《秋来》：

> 桐风惊心壮士苦，衰灯络纬啼寒素。
> 谁看青简一编书，不遣花虫粉空蠹。
> 思牵今夜肠应直，雨冷香魂吊书客。
> 秋坟鬼唱鲍家诗，恨血千年土中碧。

以前我一直以为，短短几行诗，是写不出复杂的悲剧的。现在发现，这得看由谁来写。

这首诗大致意思是：秋风吹过梧桐，我心里凄苦。如残灯将熄，秋虫哀鸣，我的生命也将到尽头。我死后，有没有人来看我写在竹简上的诗，别让它被蛀虫蛀空。今晚我还留恋这个世界，肝肠寸断。以后的冷雨夜，有没有古诗人的灵魂来给我吊唁。他们可以来我坟边，给我读读鲍照的诗，让我的遗恨之血，在土里化成碧玉。

我就问你，脊背凉凉吗？

08

李贺的诗，历朝历代争议不断，有人说他是天才，有人说他瞎写，连基本的格律都不懂。

诗原本没有标准。

我的观点是,诗最大的魅力,是能在短短的篇幅内,给人无限的想象空间。

李贺做到了。他的诗很少有套路,他以匪夷所思的想象力,抛弃以往经验、抛开前辈教导,在所有人不曾想到的地方,大放异彩。

想象力,才是第一生产力。

很巧,唐诗界三大想象力宝座,都让李家人占完了。李白是天马行空,脑洞开在天上;李商隐是万千情丝,脑洞开在人间;而李贺是通灵使者,脑洞在鬼域幻界。

读李贺的诗,我总是会想到卡夫卡。二者的文字,一样的晦涩难懂,一样善于表达模糊的意象,一样的孤独、荒诞、有死亡气息,一样不注重写作规范;甚至,一样充满强烈的自传色彩。

李贺死后,杜牧给他的诗集作序,其中有"使贺且未死,少加以理,奴仆命《骚》可也",意思是:如果李贺没死,稍稍加以磨炼,就可让《离骚》拜服了。杜大叔说这话时,李贺已经去世,应该不是客套话。

李贺的小传,是李商隐写的。他禁不住感叹:老天为什么不让李贺长寿啊?难道天才不仅人间少有,天上也缺吗?

一声长叹,几声唏嘘。

跟王勃一样,李贺死的时候只有二十七岁,太年轻,太可惜。但他以自己短短的生命,给大唐诗坛留下了一抹凝夜紫般的瑰丽。

诗人那么多,李贺无人替代。

时也,命也。我们不知道临死那一刻,李贺脑子里出现了哪一句诗,是"天若有情天亦老",还是"恨血千年土中碧"?

或者,只是一句悲叹:苍天啊,你为何如此无情?

杜牧：朋友，你误会我了

一切的现实，
都是苍白的、残酷的，
只有在诗境里，
它才是美的。

有人说，被误会是表达者的宿命。

我不服。我可以不抱怨，但有必要把我的一生捋一捋，不然没法向喜欢我的朋友们交代。

扬州的青楼生涯，洛阳的歌舞酒宴，湖州的荒诞约会……在很多人看来，我好像啥事也不干，一辈子光忙着逛夜总会了，就是一坨行走的荷尔蒙。

可事实不是这样的，至少，这不是全部的我。

哦对了，我叫杜牧。

01

我出生的时候，大唐诗坛高手如云。

最有种的是韩愈老师，一篇《御史台上论天旱人饥状》针砭时弊，圈了一票精英男粉。

元稹一句"曾经沧海难为水，除却巫山不是云"，圈了半个大唐的迷妹。

白居易洋洋洒洒，深扒了一篇唐玄宗的八卦，取名《长恨歌》，男女老少通吃。

即便那个潦倒的李贺，也以"黑云压城城欲摧，甲光向日金鳞开"一战成名，占据奇幻诗人头把交椅。

当时六七岁的我，还在长安的一座大宅子里念书，每当读到这些猛句，我都忍不住内心的激动，书一合，冲着空荡的院子大喊一声："我也要写诗！"

"写个屁诗，东厢房那堆史书背熟了吗？"这是爷爷的声音。

爷爷叫杜佑，是当朝的文史大咖，他老人家翻了一辈子史书，通晓所有朝代成败兴衰的奥秘。从我记事起，他就告诉我，现在不比盛唐了，写诗救不了大唐。

"那我写什么？"我问。

"写文章。"

"可我还是想写诗。"

"孙子你过来，爷爷不打你的脸。"

然后，我就乖乖去读史书了。当时我还小，不明白爷爷的意思。直到多年后，我才体会到他老人家的良苦用心。

可惜，他已经死了。

02

我很悲痛。

爷爷死后，爸爸、伯父们闹分家，我们杜家也开始家道中落。紧接着，爸爸也因病去世，我失去了最后的依靠。

那年我才十五岁。

我从一个官三代、公子哥，沦落到靠家族接济为生。带着幼小的弟弟，过了好几年吃土的日子，吃野菜，喝稀粥，冬天没有棉衣，夜里读书买不起蜡烛，连个Wi-Fi都蹭不到。

"城南韦杜，去天尺五。"我们杜家，曾经也辉煌过，在那个大家族里我排行十三，所以很多朋友也叫我"杜十三"。在爷爷的众多孙子辈里，我是最不听话的一个，却也是受爷爷影响最深的一个。

当时的大唐，外有藩镇闹独立，内有宦官要上位，本来被朝廷委以重任的一帮大臣，整天忙着搞帮派斗争，史称：牛李党争。

那叫一个乱啊。

政坛的纷争，也蔓延到了诗坛。

当时，韩愈跟着裴度平乱蔡州，战功赫赫，俩人都实现了逆袭。

可半路里杀出了元稹和李绅。对，就是写"汗滴禾下土"的那个李绅。这两位怎么说呢，他们的诗，我是看不上的，包括他们的大哥白居易，搞什么新乐府，level（水平）太低。

人品嘛，很难说。元稹为了当宰相，跟裴度PK，这我能理解，可他最后竟然拉拢宦官，真不像诗人干的事。

我有一个叫张祜的好兄弟，写出了"故国三千里，深宫二十年"，被皇上点了赞，眼看就要逆袭，被元稹一句话给搅黄了。

李绅人不坏，就是有点二，被人利用了还帮着数钱，为了台参的事跟韩愈唱对台戏，何苦呢？他当了一辈子贫民代言人，其实生活奢华得很，整天买买买。穷人的生活他能想象，但他的生活，穷人无法想象。那么高的人设，万一崩塌了多不好。

所以我还是喜欢韩愈老师，正直，不站队。

总之，当时的诗坛弥漫着政治斗争的血腥味，没有一点诗意。

我仰望夜空，繁星点点。有的忽明忽暗，有的一划而过，有的成为了恒星。在这些星星之间，是大片的空缺。

诗坛，仍然有很多可能。

该我登场了。

03

那一年我二十来岁，到处找工作。

当时的皇帝是唐敬宗，后来大唐没毁在他手里，只能说明他祖上积了不少家底，也积了不少德。唐敬宗是个败家子，十六岁即位，整天各种玩，搞选美，打夜狐，打太监，还大兴土木，国库都弄出赤字了，大臣想汇报工作也找不到人，唐朝开国二百多年，这还真是"活久见"。

我想起了唐玄宗，一代英主，开元盛世，就是这样被安禄山掀了桌子。现在马嵬坡上扬起的尘埃还没落地，又出来一个败家子。

不行，我得说说。对着大唐的诗坛，我扔出一颗组合炸弹——《过华清宫》：

> 长安回望绣成堆，山顶千门次第开。
> 一骑红尘妃子笑，无人知是荔枝来。

在长安回望骊山，宫殿多么壮观。杨贵妃小姐的荔枝到货了，可没人知道，那个快递小哥是从千里之外的四川来的。盛唐是怎么衰落的，这下你们该知道了吧。

> 新丰绿树起黄埃，数骑渔阳探使回。
> 霓裳一曲千峰上，舞破中原始下来。

在新丰的高速路上，也有几匹快马，那是前线的探马，送的不是荔枝，是战争的密报。可惜呀，玄宗和贵妃还在搞派对，直到安禄山攻陷中原。

够直接吧，够犀利吧，皇上是不是能发现我有胆又有才了？我静候朝廷的聘书从天而降，让我去做谏官。

然而，我想多了。我就像一颗尘埃，飘荡几下，就被埋到泥土里了。

看来这颗炸弹不够大、不够猛，我要再扔一颗更响的。于是我写了一篇长文，那就是《阿房宫赋》。

我就是想警告皇上，你大兴土木、不理朝政，是找死啊。六国曾经也很强大，后来呢？全被秦国灭了，金银珠宝和妃嫔侍妾都归了秦国。秦国也很厉害吧，后来呢？连三世都没传到。他们的超级工程阿房宫，被一把火烧了。再厉害的国家，如果不爱人民、没有危机意识，都是作死的节奏。你们可长点心吧。

《阿房宫赋》发表后，朝廷还是没人搭理我，乱世之中，纸醉金迷，大唐的末日里一派狂欢景象，谁会留意一个年轻书生的危言呢？其实，这种言论只会让他们心里很不爽。

爽！写得太爽啦！

就在前途渺茫的时候，我听到一个洪亮而温暖的声音，这个人拿着我的《阿房宫赋》，在科举主考官面前大力推荐。

这是我的贵人，他叫吴武陵。

04

如果你不知道吴武陵是谁，说明你不会背诵柳宗元的《小石潭记》。

当年吴武陵也被贬到永州，陪柳宗元度过了无数个空虚寂寞冷的日子。后来他平反了，在韩愈跟随裴度征战淮西时，吴武陵还出谋划策。他简直就是诗人的小棉袄，到处送温暖。

这一次，来给我送了。

这年进士考试是在洛阳，本来名额已经预定完了——你没看错，名额是靠关系预定的，我没有关系，只能听天由命。

吴武陵他老人家爱才心切，拿着我的《阿房宫赋》冲到主考官的宴会上，当众朗诵，他略浮夸的表演把我捧得都不好意思了。本来他为我求的是状元，最后要了个第五名。就这样，我也中了进士。

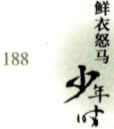

知遇之恩，没齿难忘。我终于知道，为什么他能跟柳宗元、韩愈走得那么近。因为他们都是一类人，是乐于并敢于提拔后辈的"师者"。

我没有辜负吴老前辈的信任。进士之后的策论，是别人最害怕的环节，对我来说却是so easy（太简单了）。很多考试内容，小时候爷爷就教我了。不愧是爷。

那一刻，我特别高兴，给长安的朋友发信息，让他们准备好酒好菜，我要庆祝：

> 东都放榜未花开，三十三人走马回。
> 秦地少年多酿酒，即将春色入关来。

拿到了官场通行证，但我不想留在长安。那里都是老司机，太乱，太复杂，要知道唐敬宗后来就被两个太监给弄死了。

老子要去外地，下基层，打打怪，升升级。

我跟了一个叫沈传师的老板，来到南昌。

这里有滕王阁，有九江，王勃、李白曾在这里失落，白居易曾在这里假装失落。

而我，是真心喜欢这里，工作轻松，还经常举办歌舞酒会。

就是在这里，我认识了一个美女，她叫张好好。她本是我们南昌分公司里的一名头牌，多年以后流落到洛阳，在酒吧卖酒为生，我还为她写了同名长诗《张好好》。不过这都是后话了，人各有命，谁能左右呢？

几年后，沈老板调回京城，而我实在不想回京，又找了一个老板，他的名字叫牛僧儒。牛老板是大唐淮南分公司的一把手，也是朝廷里的大红人，著名的"牛李党争"中"牛"的一方，就是牛僧儒。

牛李两党谁对谁错，很难说清，我们牛党也有人渣。你要非问我为什么站队牛党，我只能说，我比较牛。

当时的诗坛，已经开始凋零。

韩愈死了。写"不知何处吹芦管，一夜征人尽望乡"的李益死了。写"还君明珠双泪垂，恨不相逢未嫁时"的张籍死了。元稹死了。薛涛阿姨也死了……

有一天，一个叫李商隐的小兄弟想加入我的朋友圈。他的诗我看过，很厉害。可当时的党争太激烈了，李商隐的恩师是牛党，岳父是李党，他到底咋想的，谁都不知道，我就没回复他。

在党争旋涡里，想安安静静做一个诗人，太难。

淮南分公司分管好几个城市，经济发达，风景优美。关键是，我们的办公地点，在扬州。

(05)

扬州是个好地方，牛僧儒是个好老板。

工作之余，我就泡夜店，喝喝酒、写写诗，跟小姐姐们聊聊人生。

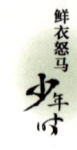

某天早上,开完例会,牛老板看着我语重心长地说:"小杜呀,夜店去多了不好。"

我当然不能轻易承认了:"我没去,不是我,绝没有。"

牛老板神秘一笑,拿出一个盒子,里面是一张张字条。我拿起来一看,都是我逛夜店的记录,哪月哪天,去了哪家,记得一清二楚。老板居然派人跟踪我。

不过我知道,他是为我好。他说得对,我不能做一条没有理想的咸鱼,我要建功立业,报效大唐。

当时正值河北三镇作乱,我一鼓作气,写了几篇军事论文。

在《罪言》里,我告诉朝廷,稳住,别冲动,先把内部治理好,再收拾藩镇,这叫攘外必先安内。

在《原十六卫》里,我提出要恢复太宗时期的府兵制,军权才是王道呀,不能给了藩镇。

在《战论》《守论》里,我把藩镇作乱的前因后果,都掰开揉碎了说给朝廷听。

你们以为我只是个诗人吗?呵呵,写诗只是我的业余小爱好。

不知是不是这几篇文章产生了效果,很快我就被调回长安,做了一名监察御史。

离开扬州的那个夜晚,我偷偷去了常去的夜店,向一个小姐姐话别——《赠别二首》:

娉娉袅袅十三余,豆蔻梢头二月初。
春风十里扬州路,卷上珠帘总不如。

> 多情却似总无情，唯觉樽前笑不成。
> 蜡烛有心还惜别，替人垂泪到天明。

她舍不得我走，但我必须走，薄幸就薄幸吧。在大唐，哪个诗人没有点风流韵事呢。不过还好，我还没有忘记年少时的梦想——十里扬州路的春风再温柔，也比不上长安的朱雀大街。

那条街上，有给男人铺的红毯。

可是，当我走过这条长长的红毯，走进大明宫的御史台，才发现氛围不对。

在背后发号施令的，不是宰相，也不是皇帝，而是几个阴阳怪气的宦官。至于藩镇，压根就不在射程之内。

我有一种预感，那条曾经象征荣誉的红毯上，将来会因为被鲜血浸泡而更加血红。于是我申请调离，去了洛阳。

这年的十一月，长安果然出了大事。

一个叫李训的宰相，和一个叫郑注的御史大夫密谋，要清剿宦官。他们在金吾卫大院事先埋伏士兵，然后对唐文宗说，金吾卫大院里的石榴树上有甘露降临，邀请大家观赏。他们想乘机将宦官一网打尽。

这方案本身没问题，可惜执行得太差。看到一群宦官到来，杀手竟然瑟瑟发抖，演技不在线，台词都念不好，结果被宦官识破。

能割掉自己命根子的男人，做事情是没有底线的。

宦官集团马上控制住唐文宗，命令禁军大开杀戒。四个宰相、

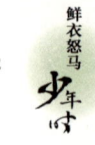

十一名高官被灭族，一千多名官员被杀。一时间，长安血流成河。

那个写"相思一夜梅花发，忽到窗前疑是君"的诗人卢仝，也无故躺刀。他是卢照邻的后代、韩愈的门生，没有任何官衔，但宦官宁可错杀一千，不可放过一个。

卢仝的死法非常惨烈，以我们诗人的想象力，都想不出那样的操作。因为他年老无发，不方便砍头，宦官就用一根长钉，从后脑生生钉了进去。

谁说敌人的敌人是朋友？李训、郑注虽然要剿灭宦官，但他俩也不是什么好人，这两位靠投机上位的阴谋家，不过是权力斗争中的失败者而已。

这场甘露事件，以宦官险胜收场，史称"甘露之变"。

想想真后怕啊，如果我当时不是远在洛阳，真不知道会遇到什么。

这次事件以后，大唐已经不是李家的大唐；所谓宰相，不过是宦官的秘书而已。

被软禁的唐文宗，哭得像个二百斤的孩子，对大臣说："你见过我这样窝囊的皇帝吗？"

见过还是没见过呢？大臣们不知道怎么回答。

唐文宗其实人也不坏，只是太懦弱，五年之后，郁郁而死。

那是个宦官没有人性、官员没有血性、诗人没有个性的年代。我都不知道该效忠谁了。

两京寒气逼人，江南草木未凋。今宵柔情何处，只有二十四桥。

我又想起了扬州——那个唯一能给我安慰的地方。于是，我写了

一首诗,寄给我曾经的好朋友韩绰:

> 青山隐隐水迢迢,秋尽江南草未凋。
> 二十四桥明月夜,玉人何处教吹箫。

韩绰兄,你又去哪儿教人吹箫了?等等我。
扬州,我又回来啦。

06

路还是那条路,心情已大不同。

长安、洛阳渐行渐远,就像大唐的余晖,正在退去。我们都知道大厦将倾,可谁都无能为力。

小船到了金陵,对岸飘来歌声,那是陈后主的《玉树后庭花》,歌词写得真好啊:"花开花落不长久,落红满地归寂中。"

多像此刻的大唐。

只是,听歌的和唱歌的都还不知道,那就让我来告诉你们吧:

> 烟笼寒水月笼沙,夜泊秦淮近酒家。
> 商女不知亡国恨,隔江犹唱后庭花。

这时的皇帝,已经换成了唐武宗。

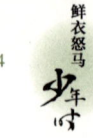

唐武宗也算英明,上台之后,先拿宦官开刀,革了首席大宦官的职,任用李德裕为宰相。李德裕是"李党"一把手,虽跟我不是一党,但我还是要夸他,因为他太猛了。嚣张多年的藩镇、回纥都被他收拾了,大唐暂时挽回了面子。

除了会用人,唐武宗手腕也够硬。

前几任皇帝因为迷信佛教,寺庙大开发,到后来连农民、盲流、地痞都做了和尚。寺庙占了大片土地,还不交税,不服兵役。那些人哪有什么信仰,无非混口饭吃。可是国库空虚,朝廷都快没饭吃了。

几年之后,唐武宗在圣旨上画了一个大大的红圈,里面写了一个字:拆。全国开始了寺庙大拆迁,五十岁以下的和尚全部废除佛籍,包括天竺和日本僧人,外来的和尚也不让你念经。

唐武宗的年号叫会昌,这件事叫"会昌法难"。

想当年,宪宗也是资深佛教徒啊,曾打算把佛祖舍利放到官里朝拜。韩愈老师威猛彪悍,一篇《论佛骨表》对着宪宗劈头盖脸:历史上信人民的皇帝都长寿,信佛的都短命。什么佛祖舍利?就是一块死人骨头,宪宗啊,你应该一把火把它烧了,寺庙也拆掉,不然你的智商就掉线了!

韩老师有理有据,唐宪宗大发脾气。就为这事,韩愈被贬到"路八千"的潮州,还差点被砍了脑袋。

阿弥陀佛。他老人家要是活到现在,真不知该拍手还是哭成狗?

世事无常,我也说不清是高兴还是失落。可能一切的现实,都是苍白的、残酷的,只有在诗境里,它才是美的:

千里莺啼绿映红，水村山郭酒旗风。
南朝四百八十寺，多少楼台烟雨中。

不管怎么说，在唐武宗的英明领导下，大唐终于有了一丝起色，国库存了些钱，藩镇收了锋芒。

当然，我们牛党也老实了。在党派倾轧的旋涡里，阵营决定命运，李党上台，牛党落寞。我又被调往黄州。

可我就是不服，老子明明有军事才能的，你们就没看出来吗，真把我当作诗人了？

…………

好吧，我继续写诗。

去黄州的路上，我经过和县乌江亭。以前都说项羽是英雄，宁死不回江东，太可惜了。江东有父老，也会有子弟，大不了从头再来呀。

胜败兵家事不期，包羞忍耻是男儿。
江东子弟多才俊，卷土重来未可知。

这首《题乌江亭》是写给朝廷的，也是写给我自己的。我要给自己打一点鸡血，才能在这个乱糟糟的时代，活出一点人样。

黄州附近，是三国古战场赤壁。在那里，我想起了曾经的东吴，一战成名，三足鼎立。有时候，决定一个国家的命运，一战足矣。

折戟沉沙铁未销，自将磨洗认前朝。

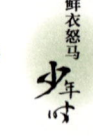

> 东风不与周郎便，铜雀春深锁二乔。

当然，我也会经常感到失落，人到中年，还在一个又穷又小的地方做刺史，想想都心酸。尤其在那一年的清明节：

> 清明时节雨纷纷，路上行人欲断魂。
> 借问酒家何处有，牧童遥指杏花村。

从白天喝到夜里，从下雨喝到雨停。

我知道，我的后半生基本就这样了。大唐大势已去，牛党也不再牛了，只有这杏花村的老酒，才能给我一点温暖。

我没有猜错。此后几年，从黄州到池州，再到睦州，我就这样被朝廷调来调去，回不了朝廷，回不了家。

不过唐武宗原本也算个开明大boss，领导英明，就有机会。在四处奔波的那几年，我一直等待一个逆袭的机会。

然而，我等来了武宗"领盒饭"的消息。他是不迷信佛教，可他迷信道教。整天吃仙丹、喝药酒，求长生不老，终于在三十三岁那年，让自己升天了。

那一年，那个叫李商隐的小兄弟，写了一首诗，有一句是："可怜夜半虚前席，不问苍生问鬼神。"多么敏锐的洞察力啊，小李子就是有才。

帝王们怎么都这么迷信长生不老呢？我搞不懂，看来韩愈老师的《论佛骨表》，他们压根就没看。

那几年死的人，除了唐武宗，还有刘禹锡、白居易、贾岛、李绅。我虽然与他们政见不同、党派不同，可是当他们纷纷离去，我还是有一种莫名的失落感。

是诗人之间的同病相怜，还是不忍唐诗星空的暗淡？我不知道。

我只知道，现在扛起诗歌大旗的，只有我和李商隐了，对了还有那个更加落魄的温庭筠。

在当时，我和李商隐被称为"小李杜"，我们的粉丝也经常隔空对骂。不过这都不重要，重要的是，在国运衰退之际，我们还能写出什么样的诗。

07

又几年过去了，政局变幻，人事云散。

新上台的唐宣宗不喜欢李德裕，把他贬到海南。而我的恩公牛僧孺也没有东山再起，因为他已经去世了。牛李党争，落下帷幕。

我再次收到朝廷的offer，回到了长安。可我怎么也高兴不起来，此时的朝廷暮气沉沉，像一潭死水。水面之下，宦官搅起的暗流在涌动。我在史馆做了一名编辑，从此不关心政治。

朝廷跟藩镇的矛盾从来没有消除。摩擦摩擦，似魔鬼的步伐，战争还要继续打下去。我把自己注解的《孙子兵法》交给宰相大人，希望为羸弱的政府军尽绵薄之力。

这是我能为大唐做的最后一件事了。

然后我主动申请，要去湖州。

有人说我来湖州，是为了赴十几年前的一个约，为了爱情。笑话。我只是想离开朝廷，越远越好。

临走之前，我想再看一眼壮观的长安城。我去了乐游原，这个长安最高的地方。几年前，李商隐在这里写下"夕阳无限好，只是近黄昏"。诗人的嗅觉是相通的，在乐游原上，我也看到了长安上空的夕阳。

目光越过夕阳，西北方向是咸阳的九嵕山，山上有一座陵墓，叫昭陵，它的主人是唐太宗。

我都快忘了，大唐，还有过梦幻般的贞观时代。

我给长安留下最后一首诗，也是给这个时代留下一首挽歌，叫《将赴吴兴登乐游原》：

> 清时有味是无能，闲爱孤云静爱僧。
> 欲把一麾江海去，乐游原上望昭陵。

现在的大唐，早已不是那个海晏河清的盛世，要我这样的无能之辈还有何用？江湖悠悠，闲云野鹤才是我的归宿。

再见，太宗。

再见，长安。

李商隐：姑娘，我要给你写情诗

他让汉字有了最美的组合，
美到炸裂，
美到无法言说。

01

公元829年的第一场雪，比以往来得更晚一些。

临近春节，东都洛阳最繁华的CBD，一个少年在路边摆摊，给别人写春联。

少年眉清目秀，衣着素雅干净，字写得极好，顾客排起了长队。原本来执法的城管，也掏出银子排起了队。

此刻，他正在写的是一句有关初春的诗："青门柳枝软无力，东风吹作黄金色。"诗美，字也美。少年搁下毛笔微微一笑，递给一个顾客："你好，十文。"

一个五十多岁的男人接过春联，"小伙子，字写得不错呀。"

"先生过奖了，主要是白居易这句诗好。"

"有没有兴趣跟我一起午餐呀？"

"敢问先生您是？"

"哦，在下，白居易。"

少年单薄的小身板微微一震，赶紧鞠躬，"晚辈，李……李……李商隐。"

那一年，他十七岁，距离父亲去世已经八年。他一边给人舂米补贴家用，一边读书学习。像当时大多数的年轻人一样，他的偶像，就是白居易。

想象一下，你在上海街头弹着吉他卖唱："越过山丘，才发现无人等候……"这时，一个山丘一样的大叔高喊一声："唱得好，有没有兴趣一起吃个饭？"你定睛一瞅，是李宗盛！

当时的李商隐同学，就是这种心情。

02

洛阳高端别墅区，履道坊，白府。

酒过三巡，白居易支走师母们，他终于要跟这个年轻人聊聊诗歌了："孩子，告诉我，你的梦想是什么？"

"写诗。"李商隐声音不大，但很坚定。

"嗯，很好。只是这唐诗已经写了快两百年了，每种风格都有神作，你擅长什么？"

李商隐把酒杯轻轻放下，露出羞涩的表情。"我要写情诗。"

白居易哈哈大笑："我有个朋友叫元稹，他写过'曾经沧海难为水，除却巫山不是云'，写过'唯将终夜长开眼，报答平生未展眉'。我还有个朋友叫刘禹锡，他写过'东边日出西边雨，道是无晴却有晴'。你能比他俩写得好吗？"

李商隐稍做停顿:"元老师和刘老师的诗都很好,但我要创造我的风格。"

说着,他递上了自己的诗:

> 八岁偷照镜,长眉已能画;
> 十岁去踏青,芙蓉作裙衩;
> 十二学弹筝,银甲不曾卸;
> 十四藏六亲,悬知犹未嫁。
> 十五泣春风,背面秋千下。

这是一首描写初恋失败的小诗。他的小女朋友照镜画眉,在裙子上插花,苦练琴技,是个集美貌与才华于一身的姑娘。但最终还是没能在一起,所以那姑娘就伤心地哭了。

平心而论,这不是一首很成熟的作品,还带着稚气,但贵在情真,有一种青涩之美。

白居易读完,一个劲地赞:"啊,让我想起了我的十八岁。请问,这首诗叫什么名字?"

"无题。"

"……霸气外漏,我喜欢。你就写你的无题情诗吧。我再给你推荐一个朋友,他是个大咖,一定能带你飞。"

03

白居易推荐的这个朋友,叫令狐楚。

令狐楚这个人,很多人可能不太了解。主要是人家不写诗,主攻骈体文,简单地说,就是很对仗的那种文章,像《滕王阁序》《洛神赋》都是。在当时,令狐楚的骈体文与韩愈的古文、杜甫的诗,被称为"三绝"。

此时的令狐楚,还有一个更重要的身份——户部尚书,帝国财政一把手。但他没有一点官架子,对李商隐这个有才华的年轻人非常好。

就这样,李商隐进入令狐家,与令狐楚两个儿子共学同游。令狐楚宅心仁厚,拿李商隐当儿子相待,还把毕生的学问与骈文技巧传授给他。两三年工夫,李商隐已经功力大增。

除了写写各种公文,李商隐就是死磕诗文,才华远超令狐家的两位公子。

当然,作为一个情诗高手,掌握各种撩妹技巧还是很有必要的。

04

那一天,李商隐看上了洛阳城中的一个姑娘,她叫柳枝。

众所周知,小姑娘们对诗和远方都很向往,李商隐就让一个兄弟站在柳枝家窗户下念诗。那是一首情意绵绵的《燕台诗》，诗很长，当念到"醉起微阳若初曙，映帘梦断闻残语"时，姑娘推开了窗户，冲楼下大喊："这诗的作者是谁？"

"我兄弟李商隐，约吗？"

片刻工夫，一条粉红的衣带结扔了下来。"后天晚上，坊西花亭，衣带结为证。"

一般来说，接下来该发生一个浪漫的故事了。然而并没有。

第二天李商隐就接到加急通知，要立刻赶赴长安参加科考。

是的，他爽约了。

当时的科考，不是考完试就能回家，然后在网上查成绩的，而是要留下来等待揭榜，同时搞搞社交、认识些大咖，对以后工作有帮助。

大半年后，当李商隐回到洛阳时，柳枝姑娘已经由母亲做主，嫁给了一个老年油腻土豪了。据说，柳枝姑娘被爽约后，相思成疾，连逛街的心情都没有了。

李商隐又一次失恋，非常伤心。

他脑补了柳枝姑娘在家苦苦等他的场景，把自己感动得一塌糊涂。滔滔悲情，化作一首凄美的诗，依旧没有标题：

> 飒飒东风细雨来，芙蓉塘外有轻雷。
> 金蟾啮锁烧香入，玉虎牵丝汲井回。
> 贾氏窥帘韩掾少，宓妃留枕魏王才。
> 春心莫共花争发，一寸相思一寸灰。

大概意思是：下雨了，打雷了。金蟾香炉散出的香味真好闻，玉虎形状的辘轳打的水真好喝。贾充的女儿跟韩寿相爱了，曹丕的妃子甄宓还爱着曹植。所以呀，爱情这东西千万不要像花儿一样绽放，不然你的相思都会成为炮灰啊。

当然，这是我想象的情境。因为我实在解释不了金蟾香炉和那么高档的辘轳在这里代表什么。如果有意义，应该就相当于电影里抽象的场景吧——只是为了烘托气氛。

不管怎样，李商隐又失恋了。治疗失恋最好的办法是什么？

开始下一段恋情。

05

两年后，七夕节。

李商隐和好友来到洛阳城北的一座道观。这里不仅可以求仙，还可以求爱。

这里需要普及一个知识点。唐朝道教盛行，朝廷修了很多道观。当时的道观有两类，一是专注于研发长生不老处方药，争夺诺贝尔医学奖，里面都是男道士；二是给大龄单身公主、精英女士，提供一个躲避闲言碎语和红尘俗事的地方，里面都是女道士。

李商隐去的这座道观尤其来历不凡，乃当年唐玄宗的妹妹玉真公主出家之地。为了匹配公主的身份，玄宗拨了巨款，道观规模很大。门头上方是玄宗亲笔题写的三个大字：灵都观。

那天，道观内正在举办一场隆重的活动。只见一位皇族公主缓缓而出，两位侍女跟在身后。

没有早一步，也没有晚一步，在万丈红尘之外，李商隐跟其中一个侍女四目相对，那一刻，电光火石。

这个侍女，叫宋华阳，是公主出家时钦点的贴身女伴，集美貌、才华、修养于一身。

李商隐赶紧写诗一首，连夜派人送去：

> 重帷深下莫愁堂，卧后清宵细细长。
> 神女生涯原是梦，小姑居处本无郎。
> 风波不信菱枝弱，月露谁教桂叶香。
> 直道相思了无益，未妨惆怅是清狂。

这首诗是站在一个女人的角度写的，大致意思是：莫愁堂里我很忧愁，漫漫长夜我空虚寂寞冷。谁说修道就能成为仙女？本姑娘我的卧室连个男人都没有啊。我柔弱的身体就像菱枝，经不起风雨。我芳香的心灵就像丹桂，经不起寒露。不过，不管了，虽然相思很苦，我还是要爱一回，谁想说我清狂就随他说吧。

也可以把它想象成一首歌——这是梁静茹给宋姑娘的《勇气》。预备——唱：

> 终于做了这个决定
> 别人怎么说我不理
> 只要你也一样的肯定

> 我愿意天涯海角都随你去
> …………
> 爱真的需要勇气
> 来面对流言蜚语
> 只要你一个眼神肯定
> 我的爱就有意义
> 我们都需要勇气
> 去相信会在一起

宋姑娘鼓起了勇气。三天后的晚上,墙外丁香小树林,他们见面啦。

李商隐同学还有点害羞。"你看天上的星星多美,我想跟你一起看看星星。"

"我怕公主担心,看完星星我就回去。"

"那我们就看一颗吧。"

"好的,哪一颗?"

"启明星。"……

多么浪漫的夜晚啊。

所以,那一夜过后,王子和公主从此过上了——不幸的生活。

因为没过几天,宋华阳就被公主告知,要回京城了。

在唐朝,侍女约等于女奴,是没有人身自由的。如果不小心还做了公主的侍女,她的命运,基本取决于主人的心情。

这次分别,其实相当于永别。

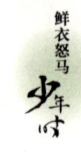

没办法，冲破了世俗，也冲不破命运。宋华阳连当面告别的机会都没有，只派了一个小丫鬟送信。

李商隐非常郁闷，难道我注定是个单身狗？他又把滔滔悲情化作一首诗，还是没有标题：

> 相见时难别亦难，东风无力百花残。
> 春蚕到死丝方尽，蜡炬成灰泪始干。
> 晓镜但愁云鬓改，夜吟应觉月光寒。
> 蓬山此去无多路，青鸟殷勤为探看。

这首也是李商隐的神作。大概意思是：咱俩见面难，分别更难。百花都凋残了，东风还没有吹来。我像春蚕和蜡烛一样，死了都要爱。早上照镜子，又有白发了。夜里吟诗，感觉人生好冷。你修仙的蓬莱山无路可通，但我想王母娘娘的"信鸽"，会帮我给你送信的。

有没有觉得，写到最后，李商隐已经精神恍惚了？用情至深啊！

难怪清朝诗人梅成栋在他的《精选七律耐吟集》里说："镂心刻骨之词，千秋情语，无出其右。"

06

俗话说，人生有四大喜，总得让我赶上一个吧。

几年后，李商隐奋发图强，加上恩师令狐楚的引荐，终于在第五次科考中,高中进士。

当时,进士名额全国只有四十人,这还是扩招了。所以不管草根还是贵族,中了进士,相当于人生已经逆袭了。

他们要进行一整套的巡回演出,先到大雁塔题名,走红毯,再到名园赏花。还记得写"慈母手中线,游子身上衣"的孟郊吗?四十六岁才中进士,也高兴坏了,诗风马上转变:"春风得意马蹄疾,一日看尽长安花。"最后是一个更重要的环节,叫"曲江池赴宴",就是皇帝请客,御赐酒宴。金榜题名的小伙子们站在船头,在曲江巡游,岸上的姑娘们疯狂尖叫:"×××我爱你""我要给你生猴子"等等。

当然,也有一些豪门的老爷夫人来这里挑女婿。李商隐就被挑中了。翻他牌子的人叫王茂元。

当时的王茂元,是甘肃一带的节度使,三品大员,位高权重。

王茂元有个小女儿,十八岁,要嫁人了。这是个实打实的白富美,李商隐当然答应了。

就这样,李商隐又迎来人生第二大喜:洞房花烛夜。

可万万没想到,这桩姻缘,让俩人成了一对苦命鸳鸯。

当时,晚唐最大党派斗争——牛李党争——日趋激烈。不巧的是,恩师令狐楚是牛党,岳父王茂元是李党,双方都不把他当队友。

李商隐脸上是大写的尴尬。

众所周知,政治斗争的奇葩之处在于,不管你是好人坏人,也不管你站不站队,都会被站队、被代表。只要给你贴个标签,就有人给你穿小鞋。

从此以后,李商隐的后半生基本上就是被调来调去,永远不升职

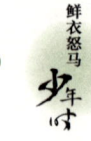

不加薪。加之令狐楚和王茂元先后去世，再也没人能帮得上他了。直到多年以后，他才在令狐楚的公子令狐绹的帮助下，做了一个六品的太学博士，不过这是后话。

那一年，身在四川的李商隐，听说老婆大病一场，非常担心。到了夜晚，窗外下着雨，犹如他心血在滴，滔滔悲情再次触发他的小宇宙，一首情感深挚的诗自然流出。

这一次居然有了标题，《夜雨寄北》：

> 君问归期未有期，巴山夜雨涨秋池。
> 何当共剪西窗烛，却话巴山夜雨时。

谢天谢地，他终于写了一首不用解释的诗。

不过，这是写给谁的，千百年来一直在争论，有的说是写给老婆的，有的说是写给朋友的。但从这浓浓的情意看，要是写给男人，还真说不过去，毕竟李商隐同学还是直男一枚。

这首诗写完没多久，王姑娘就因病去世了，她才刚过三十岁。

李商隐还不到四十岁。

唉！命运这东西，有必要这样打击一个诗人吗？

命运说：我还想看他写诗。

好吧。

幼年丧父、中年丧妻、仕途坎坷的李商隐或许没有料到，又一个好姑娘正在某处等着与他邂逅。

07

这个姑娘,叫张懿仙。

彼时,李商隐刚刚来到东川节度使柳仲郢府上,做幕府秘书。这个岗位没有编制,相当于高级临时工,很不稳定。

歌舞团的姑娘们一听是李商隐要来,非常高兴。他的诗她们都读过,还编成曲子唱,首首爆红。这简直是歌手遇到了大咖级的填词人。

当天晚上,接待联欢晚会。

李商隐跟各位同事一边喝酒聊天,一边欣赏歌舞表演。张懿仙姑娘一边跳舞,一边撩他。

一般来说,小姑娘撩大叔,如囊中探物。那一夜发生了什么?不知道,只知道李商隐大叔已经不会再爱了,他早被丧妻之痛和事业萎靡弄得焦头烂额。

唉,姑娘,我知道你在想什么,只是我也身不由己啊。我十分感动,然而只能拒绝你。

于是,又一首没有标题的神作出现啦。请注意,这是一封高级的拒绝信:

> 昨夜星辰昨夜风,画楼西畔桂堂东。
> 身无彩凤双飞翼,心有灵犀一点通。
> 隔座送钩春酒暖,分曹射覆蜡灯红。
> 嗟余听鼓应官去,走马兰台类转蓬。

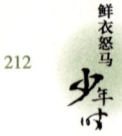

大概意思是：姑娘呀，昨夜的桂堂东酒会，真的是良辰美景。咱俩虽然不能比翼双飞，但心是相通的呀。宴会上酒是暖的，蜡烛是红的，分组射覆游戏是热闹的。可是只要天亮晨鼓一响，我就得去当差。就像蒲公英一样，飘到哪里我自己都不知道呀。

多么负责任的男人。

他说的没错。没过两年，柳仲郢就被调回长安了，李商隐也只能跟着回京。

时间到了公元858年，才四十七岁的李商隐感觉身体越来越差，他生病了，是心脏病。

似乎有预感，他辞掉了官职，跟京城的老朋友一一告别，带着十七岁的儿子和十五岁的女儿，回到了荥阳老家。

那里有他和妻子王氏住过的老房子。

李商隐躺在床上。旁边桌上放着的那把锦瑟，是妻子的心爱之物，物是人非啊。

忽然有一种莫名的情绪袭来，他硬爬起来，写了生命中最后一首诗——《锦瑟》：

> 锦瑟无端五十弦，一弦一柱思华年。
> 庄生晓梦迷蝴蝶，望帝春心托杜鹃。
> 沧海月明珠有泪，蓝田日暖玉生烟。
> 此情可待成追忆，只是当时已惘然。

对这首诗我唯一能确定的，就是瑟这种乐器有五十根弦。

如果你也不知道诗的含义，不必问任何人。你脑子里是什么画面，那就是正确答案。

08

在整个唐诗界，李商隐几乎是唯一一把诗写得美到极致的诗人。

清朝人吴乔在他的《围炉诗话》里说："于李、杜、韩后，能别开生路，自成一家者，惟李义山一人。"

为什么会有这么高的评价？

这么说吧，李商隐的诗，就是一场降维打击。

在盛唐的那些大牛把唐诗写到极致之后，他换了一个维度，开创了一种全新的写法，那需要完全不同的评判标准。

他让汉字有了最美的组合，美到炸裂，美到无法言说。

如果有人反驳，他一定会说：诗没有了诗意，还叫诗吗？

我读李商隐的诗时，脑子里经常莫名出现两个人。

一个是王家卫。他的电影不注重讲什么故事，而注重讲故事的方式。情感比结果重要，美感比事实重要。那是一种很特别很奇妙的体验。

第二个是张国荣。

只有情感非常细腻、非常敏感的人，才能把握住瞬间出现、说不

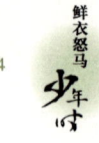

清道不明却又明显让你感觉到的东西。

在李商隐创作的时候,仿佛是上帝刚好经过,亲吻了一下他的额头。

在李商隐之前,唐诗可以分为很多种,绝句、律诗、古诗,边塞、田园、纪实,等等。在李商隐之后,唐诗只有两种,一种叫李商隐,一种叫其他。

读他的诗的人,往往会有一种惊讶:唐诗竟然还有这种操作!

很多人都有"解读欲",非要探究李商隐的诗到底在说什么,往往把自己搞得很累,也让诗失去了诗意。一千个读者就有一千个哈姆雷特,一千个读者也有一千个李商隐。我前文的解读不是标准答案,只是我脑子里接收到的信息。

如果以上还不能帮你理解李商隐的情诗,那就换成歌词来说吧。他的每一首诗,都是写在罗曼蒂克消亡之后,也就是《当爱已成往事》:

> 爱情它是个难题
> 让人目眩神迷
> 忘了痛或许可以
> 忘了你却太不容易
> 你不曾真的离去
> 你始终在我心里
> 我对你仍有爱意
> 我对自己无能为力
> ……

温庭筠：一边花样作死，一边花间作诗

一个小人物用自己以为很硬的力量，不断跟时代死磕的一生。

01

唐朝已灭亡近半个世纪。一个春日晚上。

成都最大的青楼，走进几个文人，为首的叫赵崇祚（zuò），是后蜀的朝廷大官。

刚一进门，冲前台大喊："把你们Top10的姑娘都叫来！"

老板娘一看是团购大客户，树枝乱颤。片刻工夫，十个美若天仙的姑娘一字排开。

赵崇祚清清嗓子："来，每位唱两首最拿手的歌曲。"

老板娘更高兴了，在一旁媚笑。"赵大人就是有品位，讲究。"

姑娘们唱了起来。赵崇祚身边，一个秘书摆好笔墨纸砚，开始速记。姑娘们唱一首，他记一首。一直唱到半夜，赵崇祚合上本子，放下一点碎银，转身走了。

这货居然是来听歌的。姑娘们一阵翻白眼，发誓要把他列入黑名单、给差评。

半年之后，一本叫《花间集》的书红遍川蜀，成为后蜀第一畅销书。

下属对赵崇祚说:"大人,这么畅销的书,您为啥不夹带点私货,放几首自己的作品呢?"

赵崇祚捋捋胡子,"不,我的词跟这些大神相比,差远了。"

赵崇祚说得没错。在这本《花间集》里,他搜集了五百首从唐朝到五代的词,堪称当时的《情歌金曲大全》,词作者一共十八位。

排在最前面的六十六首,是这个集子的主打词,作者叫温庭筠(yún)。

在高手如云的大唐,温庭筠这个名字并不响。大家提起他,要么跟李商隐并称,叫"温李",要么跟韦庄并称,叫"温韦",或者一句话带过:哦,是那个写艳情歌词的。

不过你说的时候一定要小心,不然温庭筠一定会拍着棺材板大叫:有胆你进来说!

02

故事从公元833年说起。

那一年,李唐王朝千疮百孔,外面的藩镇都在跟中央比肌肉。

如果站在终南山上往下看,方方正正的长安城大格套小格,像一个棋盘。在棋盘上杀伐决断的,是一群太监,他们操纵着帝国的决策,不时发出阴阳怪气的奸笑。

棋盘北端有个小格子,叫太庙。太庙外面,围着一堆考生。他们

在看当年的科考榜单。

温庭筠挤出人群,把折扇摔在地上,骂骂咧咧走了。

他第二次落榜了。

他失魂落魄,顺着太庙东侧的大街,走进平康里。这是长安最大的青楼聚集区。

花光了所有的钱之后,他点了一根烟,看着忽高忽低的烛火,对姑娘说:"唉!我投出去那么多诗都没人欣赏,写诗有什么用,还是烧了吧。"

他拿出一卷诗:"这是我在甘肃前线写的《回中作》。"

…………

千里关山边草暮,一星烽火朔云秋。
夜来霜重西风起,陇水无声冻不流。

念完,他把诗卷放在蜡烛上,点着。

又拿出一卷:"这首多么有盛唐气象啊,叫《过西堡塞北》。"

浅草干河阔,丛棘废城高。
白马犀匕首,黑裘金佩刀。
霜清彻兔目,风急吹雕毛。
一经何用厄,日暮涕沾袍。

烧完,继续拿:"这是我的《侠客行》。"

> 欲出鸿都门，阴云蔽城阙。
> 宝剑黯如水，微红湿余血。
> 白马夜频惊，三更霸陵雪。

正当他要烧第四首的时候，姑娘一把夺了过来，一边读一边拍手："多么美的句子呀，谁说你的诗没用，这首送我吧。"

姑娘夺的，是一首很短的词，词牌名叫《望江南》，是这样写的：

> 梳洗罢，独倚望江楼。
> 过尽千帆皆不是，斜晖脉脉水悠悠。
> 肠断白蘋洲。

这是一首站在女人的角度写的词，意思是：梳洗完，化好妆，在望江楼等我的梦中情人。可那么多船过去了，他还是没出现，只有斜阳余晖洒在悠悠江面。看着江心的白蘋洲，姐的肝肠都断了。

这首词虽然是言情作品，但一点都不艳俗，尤其"过尽"两句，有人说如同"盛唐绝句"，有人说作者有李白之才。

不得不说，这位姑娘好眼力。

半个月后，这首词爆红，使温庭筠的命运有了一次大逆转。

03

那天下着雨,温庭筠躺在小旅馆的床上,看着住宿费账单发愁。

这时门外来了一群年轻人,从衣着上看,都是富家子弟。

他们纷纷递上名片,什么"长安十二少""西区小霸王""城东吴彦祖"等等,有的干脆说自己住的是高端别墅区,人称"五陵少年"。

见到温庭筠,他们开门见山:"温老师你的词很赞,能不能给我们写几首呀?喏,这是稿费。"

这帮孩子,比他们的老爹大方多了,温庭筠微微一笑。"拿笔来!"

一首首刷屏级歌词就这样诞生了。

请注意,在唐宋,青楼绝对是诗词的首发平台,没有姑娘们的演唱,很多诗词是会被埋没的。

温庭筠知名度越来越高,粉丝越来越多。

一个同级别的大高手加他为好友,要跟他一起写情诗,他叫李商隐。

一个女粉丝求着要献身,给他生猴子,并保证不会发在自己的"公众号"上,她叫鱼玄机。

还有一些是超级粉丝。比如,有一个留学生是渤海王子,他非常想把温词学到手,回国发展文娱事业。临走那天,温庭筠以一首诗为他送行——《送渤海王子归本国》:

> 定界分秋涨,开帆到曙霞。
> 九门风月好,回首是天涯。

再见了王子,过了国界线,就能看到你们的天空了。只是我大唐的风月,以后就跟你天涯两隔了。

还有一个就更厉害了,是当朝太子李永。温庭筠动不动就炫耀:"旧词翻白纻,新赋换黄金。"我给太子填一首《白纻歌》的词,就能赚黄金了。

不过没多久,李永就在宫斗中被宦官杀了。他的爹地唐文宗号啕大哭:"朕富有天下,不能全一子!"

其实唐文宗说得不准确,当时的天下,已经不完全是李家的了。因为一年后就发生了"甘露之变",宦官集团摘掉最后一层面具,大开杀戒,宫内血流成河,官员死了一千多人。

在这种政治环境下,除了宦官,抱谁的大腿都没用。温庭筠的仕途基本被堵死了。

然而,又一个五陵少年的出现,似乎给了他希望。

04

这个少年,叫令狐滈(hào)。

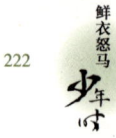

是不是有点熟悉？没错，令狐滈的老爸叫令狐绹，爷爷叫令狐楚，是李商隐的恩师。令狐楚老前辈德高望重，学问也很吓人，但令狐绹父子就有点坑爹了。

某天深夜，令狐滈一身酒气回到家，刚做了宰相的令狐绹很不高兴："你个败家子，整天在外面鬼混，将来怎么继承我令狐家的家业？"

"爸，我没鬼混，我去切磋文学了。"

"切磋文学？去哪儿切磋？青楼吗？！"

"爸，是真的，不信你看。这首词，连红袖招的春香都说好。"

说着，令狐滈拿出一张宣纸，上有小令一首：

玉楼明月长相忆，柳丝袅娜春无力。门外草萋萋，送君闻马嘶。画罗金翡翠，香烛销成泪。花落子规啼，绿窗残梦迷。

令狐绹看完，一拍大腿，这不正是皇上喜欢的曲风吗？就对儿子说："好词啊，马上带我去见他。"

令狐滈一脸诡笑："爸，春香的档期满了。"

"档期？……"令狐绹劈头盖脸打过去，"让你荡！让你荡！带我见这个作者！"

这首《菩萨蛮》，是温庭筠的新作。就这样，他的朋友圈，又多了一位大佬。

有朋友提醒他，跟令狐绹交往要小心，别作死。温庭筠"嘿嘿"一笑，人家堂堂一个宰相，肚子里能撑船。

问题是，能撑船的肚子，那得装多少水啊。

果然,温庭筠的后半生,基本没能逃出令狐绚的口水。

05

那一天终于来了。

令狐绚虽然书读得不多,但很喜欢在皇上面前谈哲学。那天不知道遇到一个什么典故,他不知道出处,就问温庭筠。温庭筠告诉他,是出自《南华经》。

令狐绚似懂非懂,接着问:"《南华经》是什么书?"

估计那一刻温庭筠真把自己当老师啦,耿直得不像话,就说:"《南华经》就是《庄子》的别名啊。"说完觉得还不过瘾,又补充了一句:"《庄子》又不是生僻书,你身为宰相,要多读点书。"

令狐绚觉得这话很耳熟,这不是皇上的口头禅吗!

我堂堂一个宰相,就这样被你鄙视了。

不过,看在温庭筠是个活字典的分儿上,这次也忍了。

没过多久,果然又用到了温庭筠。

彼时的新皇帝唐宣宗,是个音乐发烧友,最喜欢的曲子就是《菩萨蛮》。真巧,这正是温庭筠擅长填的词。令狐绚一看,这机会千载难逢,就让温庭筠代笔写了一首词,还一再交代:千万别说出去。

这首词,用尽了温庭筠半生的文学才华和青楼一线经验。那一刻,他的思绪在平康里上空盘旋,一幅美女晨妆图在他脑子里闪现,

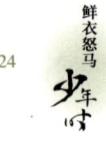

又一首《菩萨蛮》出炉了：

> 小山重叠金明灭，鬓云欲度香腮雪。懒起画蛾眉，弄妆梳洗迟。照花前后镜，花面交相映。新帖绣罗襦，双双金鹧鸪。

小山形状的眉毛敷了金粉，一闪一闪亮晶晶。鬓角的发丝，在雪白的脸蛋上轻轻拂过。姑娘起床很晚，洗漱、化妆，很慢很优雅。她前后照镜子，人面桃花，美得可以给任何化妆品代言。我还喜欢她的新衣服，短袄小裙子，上面绣的金色双鹧鸪也很漂亮。

顺便提一句，唐宣宗算是唐朝最后一个干实事的皇帝了，他有"小玄宗"的称号，做任何事，都在向祖宗唐玄宗看齐。白居易生前那么作死地黑朝廷，死后，唐宣宗照样爱惜他，为他写的诗中有：

> 童子解吟长恨曲，胡儿能唱琵琶篇。
> 文章已满行人耳，一度思卿一怆然。

如果温庭筠没有被"污名化"，是很有机会被重用的。
然而，温庭筠太耿直了。
唐宣宗喜欢《菩萨蛮》的消息很快传遍长安，温庭筠一看，令狐绹这手段太不磊落，连洗稿都懒得洗，就大声维权：我才是原创。
宰相肚子里那条友谊的小船，就这样翻了。在很长一段时间里，俩人经常互撕。
众所周知，在当时要坐稳位子，必须安插更多自己人。而姓令狐的很少，就算令狐冲帮他，也拼不过崔、李、卢、郑、王那些望族豪门。令狐绹就疯狂卖官，拉帮结派，以至姓令狐的都不够用了。怎么办呢？很简单，很多姓胡的，换身份证，改姓"令狐"，就能被令狐绹安排工作了。赵太爷对阿Q说"你哪里配姓赵！"的时候，真应该向令狐绹学学。

按说这事司空见惯，是众人皆知的秘密，你看不惯，把令狐绹拉黑就行了。但温庭筠偏不，他要用诗发表"客观评论"："自从元老登庸后，天下诸胡悉带铃。"意思是，自从令狐宰相发达了，姓胡的人，都改姓令狐了。

我觉得，这算唐代最简短的讽刺小说了。此外还讽刺令狐绹没文化，"中书堂内坐将军"，你这个在中书堂办公的文官，其实就像个将军一样没文化……

看到没？温老师毒舌起来，打击面太大，估计前线的将军们都想把他"跨省"（抓捕）了。

06

"甘露之变"之后，是唐诗江湖的压抑期。

韩愈、元稹已经去世。

在洛阳，七十岁的白居易斟满一杯酒，正在给小蛮讲他已经逝去的青春。刘禹锡正在写回忆录。

在四川，一个叫贾岛的仓库主管，正在"推敲"他两个月前的那首诗。

在淮南,那个叫杜牧的小幕僚,正在雨纷纷的清明节,喝着断魂酒。

河南小伙李商隐,离开年轻漂亮的妻子,到处去求职,并在情诗领域开宗立派。还随手写了一句"夕阳无限好,只是近黄昏",给大唐下了一纸晚期诊断书。

在那个政治黑暗、云谲波诡的时代,诗人们都小心谨慎,不敢乱说话。

在这样的时代里,耿直的boy是找不到入口的。

温庭筠恰恰就是这样的boy。

除了手撕令狐绹,温庭筠还干过一件大事。

在"甘露之变"中,有一个叫王涯的大臣被宦官抓住,被腰斩,全家三十口遭灭门。这可算是很严重的政治事件了,别人都不敢吭声。温庭筠憋不住,跑到王涯血迹还没干透的家里,在墙上写诗:

谁知济川楫,今做野人船。

意思是,我大唐的"泰坦尼克号",落到野蛮人手里了。

这些事,基本就注定了温庭筠仕途无望。

几年之后,他再次参加科举,居然中了。可是香槟还没打开,就得到一个消息,他被"等第罢举"。所谓"等第罢举",就是说你科考通过了,但人事部的面试不准参加,不能参加工作。

他彻底绝望了。

后来他干脆不在乎科考结果，每次考试，噼里啪啦写完，然后把试卷共享出去，帮助其他考生。再后来就离开长安，去江南寻找诗和远方，每到一处，就举办粉丝见面会。在扬州那次，还被地方官钓鱼执法，打掉几颗牙。

温庭筠的一生，是一个小人物用自己以为很硬的力量，不断跟时代死磕的一生。

他的结局也令人唏嘘。

公元865年，五十四岁的温庭筠终于收到一份offer，回到长安，做了大唐国立大学的一名副教授。但第二年就被贬了，在方城县尉的岗位上孤独死去。

在生命最后的日子里，他一直都在关心大唐的科举考试。只是不知道，他有没有看过一个盐贩子考生的诗，这个考生数次落榜，以诗言志：

> 待到秋来九月八，我花开后百花杀。
> 冲天香阵透长安，满城尽带黄金甲。

这首诗叫《不第后赋菊》，作者叫黄巢。

十几年之后，黄巢加入了王仙芝的起义军。再后来，这个委屈的、有煽动才能的、个性残暴的老愤青，用那只写诗的手，让大唐菊花残、满地霜。

07

该说说温庭筠在诗词上的地位了。

每一种文体,都有一个开宗立派的祖师爷。温庭筠,就是花间派的祖师爷。

在晚唐,主流的文学还是诗,词被看作"地摊文学"。温庭筠是第一个有组织、有计划写词的人,他的口号是:我是流氓我怕谁。

他死了一百年之后,赵崇祚编纂了《花间集》,文人们一看,这才是流行乐坛的爆款曲目啊!《花间集》是写词的教科书啊!

一代花间派宗师横空出世。

五代过后进入宋代,温庭筠的迷弟迷妹们都是宋词界的大神。他们写词前,沐浴熏香,把手洗净,开始向温祖师致敬。

温庭筠写"花外漏声迢递",柳永就写"花外漏声遥"。

温庭筠写"独倚望江楼,过尽千帆皆不是,斜晖脉脉水悠悠",柳永就写"想佳人、妆楼颙望,误几回、天际识归舟"。

那个撩李师师的周邦彦更是向上面两位致敬:"何处是归舟,夕阳江上楼。"

柳永的超级金句是"杨柳岸、晓风残月",我不信他没看过温庭筠的"江上柳如烟,雁飞残月天"。

温庭筠写"愁闻一霎清明雨",晏殊就写"红杏开时,一霎清明雨"。

他儿子晏几道很不屑:"爸,咱要原创,你看我的'罗裙香露玉钗风',厉不厉害?"

晏殊微微一笑："厉害啊孩子，比温祖师的'玉钗头上风'多两个字呢！"

晏幾道："……"

又过了几十年，大神苏轼读到了温庭筠的"梧桐树，三更雨，不道离情正苦。一叶叶，一声声，空阶滴到明"。好词啊，就用作我《木兰花令》的第一句吧。他写了"梧桐叶上三更雨"。

李清照姑娘看到了：苏师爷抄了，我也要抄。一句"梧桐更兼细雨，到黄昏，点点滴滴"，就出来啦。

秦观同学也不甘落后，苏老师抄了，我也要抄，我喜欢温庭筠的"雨后却斜阳，杏花零落香"。

"苏老师，你看我的'雨后芳草斜阳，杏花零落燕泥香'怎么样？"

苏轼："滚，抄一百遍作业去……"

这个故事告诉我们，做老师的，一定要注意自己的言行。

南宋初年的某天，一个叫陆宰的官员从成都出差回来，给儿子带了一本《温庭筠诗集》，他最喜欢其中的"鸡声茅店月，人迹板桥霜"，给儿子说："孩子啊，这本诗集要好好读，将来扬名立万就靠它了。"

儿子把书举过头顶："放心吧父亲，书到用时方恨少，我会努力的。"

这个孩子，叫陆游。

这就是温庭筠对宋词的影响，他的词，虽然跟宋代的名篇有差距，但在花间派，他是创始人，而后面的婉约派，不过是温词的发展

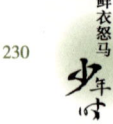

演变。这就像是,不管后辈在一条路上跑得多快、跳得多高、玩得多酷炫,都不能忽略那个开路人。

作为一个明明能写好诗的人,温庭筠为什么要写花间词呢?

用他的一首诗回答吧。

在人生最低谷的那个傍晚,他站在皇宫外,一墙之隔的,是大唐的功勋纪念碑——凌烟阁。

功名很近,也很遥远。

他想起那个一直在青楼等他的姑娘,苦笑一声,写了一首叫《塞寒行》的诗,最后有这么几句:

心许凌烟名不灭,年年锦字伤离别。
彩毫一画竟何荣,空使青楼泪成血。

翻译过来就是:宝宝别哭,我来啦。

黄巢：他年我若为青帝

就像杀手莱昂一样,
别看他平时养花弄草,
等他出手的时候,
你就等着颤抖吧。

01

公元850年，晚唐。

在首都长安的一家快捷酒店里，一个年轻人失眠了。

他刚刚得知，自己第四次落榜。身上的钱已经花完，想想远在千里之外的亲人，他感到人生很丧。这两年来的头悬大梁、锥刺大腿，都白搭了。

但是，老子不服。年轻人一边说，一边从床上跳起来。

他打开笔记本，再一次想弄清，自己写的诗和优秀范文相比，到底差在哪里。屏幕闪烁，他打开了一个叫"最牛的诗"的文件夹。里面是他的导师给他画的重点：这些都是大诗，达到这个水准，你就成大V啦。

年轻人把这些诗一首首读过：有岑参的"四边伐鼓雪海涌，三军大呼阴山动"；有王昌龄的"黄沙百战穿金甲，不破楼兰终不还"和"但使龙城飞将在，不教胡马度阴山"；有李白的"万里横戈探虎穴，三杯拔剑舞龙泉"；还有李贺的"男儿何不带吴钩，收取关山五十州"。

这都是当时的鸡血,时代的战歌,非常励志,被朝廷很多次拿来做征兵的口号。

此刻,这个年轻人却面露不屑:喊,这些诗之所以牛,是因为老子还没有写!

02

年轻人望着窗外,夜色降临华灯初上,长安的一切都显得那么美好。

但我如果不做点什么,这些都不属于我。

是时候拿出我的大诗了。他把纸铺平,毛笔蘸到最饱满,一首七绝一气呵成:

> 待到秋来九月八,我花开后百花杀;
> 冲天香阵透长安,满城尽带黄金甲。

这首诗叫《不第后赋菊》,翻译过来就是:落榜后歌唱我的菊花。

这个年轻人,名叫黄巢。

在整个唐宋,这首诗虽然不为主流文学圈所接受,但它依然像华山之巅上的一把利剑,藐视一切。

跟岑参、李白、王昌龄们不同的是,黄巢不是吹牛,而是实现了它。

彼时，在唐懿宗的领导下，李唐王朝已经濒临倒闭。举几个例子，盘点下李唐晚期的主要社会矛盾。

唐懿宗女儿病重，找了全国二十多位名医联合会诊，结果还是无力回天。唐懿宗急了，把这些医官全部斩首，搞得医患关系很紧张。

朝廷为了增收农业税，不管是不是灾年，农民将近一半的粮食都要上交。农民派代表去谈判：旱情严重，能少交点税吗？官府说，没看到院子里的树叶都是绿的吗，哪来的旱情。群众关系也很恶劣。

种田的不好过，你以为做生意的好过吗？还记得白居易的《卖炭翁》吗？"一车炭，千余斤……半匹红绡一丈绫，系向牛头充炭直"，中唐时期的"官市"顽疾，一直持续到晚唐。各级官府对商人，从最初的管理，逐渐演变成赤裸裸的压迫、掠夺。大唐热门创业项目，丝绸、茶叶、盐业之类，基本都被官府垄断。政企关系更恶劣。

值得一提的是，朝廷从商人手里夺走的利，并没有惠及人民，却使得货品质量更差、价格更高。

写完那首杀气冲天的诗，黄巢放弃了做官的打算，回到老家做了一个私盐贩子。

但在他十几年的经商生涯中，被地方官轮流敲竹杠，搞得黄老板给员工发红包的钱都没有。

弃农从文不行，弃文从商还不行，那人生跟咸鱼还有什么分别？逼急了，老子真要干一票大的啦。

一天夜里，已经四十多岁的黄巢，劳累了一天非常疲惫。他看着账面上的余额，想想自己苟且的生活，思绪万千，禁不住引吭高歌：还记得年少时的梦吗？像朵永远不凋零的花。

是啊。是时候"满城尽带黄金甲"了！

03

他关掉了自己的盐业公司，加入了由王仙芝带头的起义军。

没错，他要反朝廷。

这时的黄巢，又展现了大多数诗人都没有的才华——军事才能。

当时的大唐百姓，已经快要对朝廷零容忍。只要起义军大旗一拉，一呼百应。黄巢非常善于借势，很快他就弄到三十万大军。黄巢和王仙芝带着这三十万大军，在大唐的疆域上纵横驰骋，他们从南打到北，从白打到黑，摧枯拉朽。大唐的城池，一座接一座陷落。

当时的皇帝唐僖宗发现这个大神竟然是个落榜生时，震惊了，但为时已晚。

王仙芝战死后，黄巢做了一把手。他对军队实行扁平化管理，执行力更强。很快就把东都洛阳打下来了，然后马不停蹄，直逼长安。

在唐僖宗带着皇亲国戚向四川逃跑的那一夜，黄巢站在长安城门外。头顶的大旗呼啦啦作响，这一刻，是属于他的王者荣耀。

想起曾经以天子自居、歌舞升平的帝王之家，现在该是多么绝望。他禁不住又唱起了歌：夜太漫长，凝结成了霜。是谁在阁楼上冰冷地绝望？

果然,"菊花残,满地伤",大唐异彩已泛黄。

对手几乎没有丝毫招架之力。黄巢占领了长安,把大明宫过了户,做了皇帝,改国号:大齐。

——应该是大圣齐天的意思。

04

做了皇帝后的黄巢,首创了高层领导的换届制。想想看,王侯将相不能世袭了,而是换届上任,这在一千多年前是多么牛的管理智慧。

然而,黄巢当时并没有治理国家的基础,经历了常年战争,国家已经千疮百孔,经济危机频繁爆发,GDP连年下滑。

而这时的唐朝残余军队里,却出了一名猛将,大同军防御使李克用。他开始了疯狂的复国战争,大败黄巢,建国不到五年的大齐,湮没在历史的尘埃里。

至于黄巢的结局,一直是个谜。

有的说,黄巢无法面对梦想的破灭,自杀了;有的说,被唐朝军队所杀;还有的说,被他的外甥所杀。

而我更相信另一个结局:多年之后,有人在南禅寺的一间禅房内,看到壁画上竟然是穿着僧衣的黄巢。

然后,又在经房里的一卷书里,发现了一首诗:

> 记得当年草上飞，铁衣著尽著僧衣；
> 天津桥上无人识，独倚栏干看落晖。

落款：黄巢。

这首诗如果以宋词形式来写，大概是：想当年，金戈铁马，气吞万里如虎。现如今，僧袍加身，逛街无人认出。

没错，黄巢没有被杀，而是逃过一劫。他在南禅寺出家，隐姓埋名，养了个老。

一向牛气哄哄的大唐，虽然夺回了政权，但根基已经被黄巢打没了。中原人民逃难跑到广东，成了客家人。洛阳的美女，和牡丹一起凋零。武则天建的超级工程大明宫被烧完了。军阀四起争地盘，抢着上市当独角兽。

这种局面持续了三四十年后，唐朝灰飞烟灭。

05

仰望唐诗的星空，当时如果有一档《明日之子》的节目，那些少年天才将一个个登场：

王勃九岁，给《汉书》挑出一大堆错误，并写成纠错书《指瑕》；

骆宾王七岁，写出了"白毛浮绿水，红掌拨清波"；

张九龄七岁，都瞧不起写诗的，提笔就写论文；

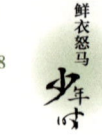

杜甫七岁，写《咏凤凰》诗；
李白更逆天，五岁就能"通六甲"
…………

黄巢呢？

那一年，立冬，不过七八岁的黄巢在院子里玩耍。靠近墙根，种着一排菊花。西风乍寒，草木凋零，只有那一簇簇菊花璀璨金黄。

黄巢的小宇宙第一次爆发，他写了一首《咏菊花》：

飒飒西风满院栽，蕊寒香冷蝶难来；
他年我若为青帝，报与桃花一处开。

我就问你，服不服？这眼光、这气魄、这胆识，能想象是一个孩子写的吗？

陶渊明写"采菊东篱下，悠然见南山"，是归隐养老去了。

元稹写"不是花中偏爱菊，此花开尽更无花"，跟他的"曾经沧海难为水，除却巫山不是云"一个套路，是要撩妹去了。

而黄巢这首，简直是一招"菊花杀"。

就像杀手莱昂一样，别看他平时养养花弄弄草，等他出手的时候，你就等着颤抖吧。

颜真卿：从一个人,看大唐消亡史

「青箬笠,绿蓑衣,
斜风细雨不须归。」
真能不归也好,
可他必须得归了。
在长安,
已经挖好一个大坑,
等着他跳进去。

唐朝的消亡史，是一部人才凋零史。

01

那一年，大唐帝国成立不久，李世民站在城楼上看着鱼贯而出的新科进士，慷慨自信。"天下英雄，入吾彀①中矣。"

李世民名义上是皇二代，其实全程参与了创业。得人才者得天下，这道理他比谁都懂。

王者如此荣耀，英雄都来联盟。

创业元老杜如晦、房玄龄，战神秦琼、尉迟敬德，大神都是组团入伙的，后两位更是从朝堂飞入寻常百姓家，做了中国人的守门员。还有一个叫李靖的，是一代战神，也被后世神化。

一代名相魏徵，跟李世民叫板一辈子，死后照样被供在凌烟阁里，让后世子孙膜拜。

---

① 彀（gòu）：箭能射及的范围，比喻牢笼、圈套，这里指掌控的意思。

彼时，唐诗的盛世还没开始。朝廷的领导班子里是一群书法玩家，欧阳询、褚遂良、虞世南。

文臣武将，各领风骚。贞观盛世，牛气冲天。

某个深秋夜里，一个叫颜师古的老干部拨亮油灯，指着桌子上他刚注完的《汉书》："治国，靠这个。"又摸摸祖传的《颜氏家训》："齐家，靠这个。"

几年之后，颜师古随李世民征战辽东，死在路上。他一辈子主修经史，没在战场立功，也没在文坛扬名。

一百年过去了，不知道李唐子孙有没有读他注解的《汉书》，但颜氏的子孙把《颜氏家训》读得很好。

颜真卿，就是其中一位。

02

公元735年，用杜甫的话说叫"忆昔开元全盛日"，在大唐历史上，这原本是一个微不足道的年份。

只是，风起于青萍之末，这一年登上历史舞台的几个人，都推动了日后大唐的风起云涌。

这一年，唐玄宗移驾洛阳，不顾关中大旱，还有心情搞狩猎活动。他有理由高兴——捷报刚刚传来，张守珪的幽州军大败契丹。

在战斗中，张守珪的一个干儿子作战凶猛，被提拔做了偏将，他的名字叫安禄山。

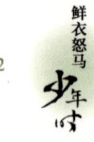

这一年，寿王李瑁的婚礼上，老爹玄宗擦了下三尺长的哈喇子，发表了父爱满满的讲话，祝愿新人百年好合白头偕老。

新娘是十七岁的杨玉环。

月子弯弯照九州，几家欢乐几家愁。也是这一年，诗人们酒入愁肠，忧伤满江。

为了给玄宗的狩猎活动拍马屁，李白献上《大猎赋》，然后……就没有然后了。

二十三岁的杜甫还在老家做模拟试卷，为乡试备考。高适一身风霜，刚从幽州前线回来。第二年，他们两个将在洛阳相遇，一起喝酒，一起写诗，一起落榜。

也是这一年，李林甫拜相，开始手握重权。

李林甫是什么人？有个成语叫"口蜜腹剑"，就是说他的。司马光把他看得最透，"在相位十九年，养成天下之乱"。

这样一个腹黑男掌权，文人日子不会好过。张九龄被排挤，大书法家李邕被陷害，就连多年后杜甫的第二次科举，也因李林甫一句"野无遗贤"而彻底断送。

朝廷真没有漏掉一个人才吗？

不管你信不信，反正玄宗是信了。

大唐世道变坏，就是从这一年开始的。

在一群失意文人里，颜真卿的这两年好像转发了锦鲤，在"野无遗贤"之前幸运地考中进士，还迎娶了白富美，金榜题名、洞房花烛都有了。李白、杜甫、高适们还在四处求关注，颜真卿已经跨入大明官,做了校书郎。

前面说了,颜真卿家训特别严。子孙想学五陵少年一样骑宝马、逛夜店,会被动家法的。门第书香熏得颜氏子孙个个一身正气。

颜真卿读书非常刻苦,且痴迷书法。当时他已经是楷书大咖,但还想学行书,贺知章就给他引荐了一个灵魂导师,名叫张旭。张旭有多厉害呢?杜甫是这样膜拜他的:

张旭三杯草圣传,脱帽露顶王公前,挥毫落纸如云烟。

人狂,字也狂。据说哪个朋友缺钱了,就找张旭写一副字去卖掉,瞬间变土豪。

有了大高手指点,颜真卿更加刻苦读书。多年以后他回忆青葱岁月,写了一首很鸡汤且鸡血的劝学诗:

三更灯火五更鸡,正是男儿读书时。
黑发不知勤学早,白首方悔读书迟。

如果说张旭是书法界的李白,颜真卿就是书法界的杜甫。

现在西安碑林有一块多宝塔碑,后世很多大咖都临摹过,那是楷书的样板。文章的作者叫岑勋,就是"岑夫子,丹丘生,将进酒,杯莫停"中的那位夫子;而碑文书法,就出自颜真卿之手。

这样一位正派靠谱的大唐干部,如果没有后来发生的事,他很可能继承《颜氏家训》,做做官、读读书,给孙子们辅导辅导作业,一辈子岁月静好。

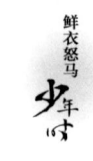

只是,岁月哪有那么容易静好!

03

就在颜真卿写《多宝塔碑》的那一年,李林甫领了盒饭,把他斗下去的是杨国忠。

杨国忠是杨玉环的堂兄,这时的杨玉环有了一个闪闪发光的称号,叫"杨贵妃"。一人得道,鸡犬升天,她的三个姐姐很快得到赐封,杨国忠也不例外,像坐了火箭一样,蹿升至宰相宝座。

小人一旦得势,很难把持住的。

杨宰相不懂"相",只懂"宰"——谁不服就宰谁。杜甫在《丽人行》里对他的描述是这样的:

炙手可热势绝伦,慎莫近前丞相嗔。

人家炙手可热,有权有势,大家都离他远点。走在路上别挡领导的轿子,领导要霸座你得忍着。

当然,杜甫一枚小小公务员,还轮不到杨宰相来宰。

颜真卿够资格。

颜真卿的正职是兵部员外郎,官不大,但性格很刚。杨宰相想收他当小弟,颜真卿却拒绝拜大哥。于是,接连被"宰"。在杨国忠的"忠言"建议下,颜真卿被派往平原郡,做了市长。

当时的平原郡，在现在的山东德州附近，跟河北接壤。颜真卿是一名优秀的大唐干部，上任没多久，就把平原郡搞得有模有样。

请看高适发来的贺电——《奉寄平原颜太守》：

> 皇皇平原守，驷马出关东。
> 银印垂腰下，天书在箧中。
> 自承到官后，高枕扬清风。
> 豪富已低首，逋逃还力农。
> …………

然而，"扬清风"容易，"高枕"就难了。

当时的大唐，全国有十大藩镇，其中最猛的三个是河东、范阳、平卢，覆盖了现在的山西、辽宁、河北、山东与河南北部。这三个藩镇都归一个人管，他就是安禄山。

颜真卿治守的平原郡，也在安禄山的辖区。

哦对了，此时的安禄山还有一个身份——杨玉环的干儿子。那年头，亲儿子都能手刃老爹，干儿子有啥不敢干的。

安史之乱终于来了。

04

短短两个月，安史叛军一路南下，攻占洛阳，打进长安，唐朝最血腥的故事一个接一个上演。

唐玄宗狼狈逃往成都,在马嵬坡,迫于压力,杀了杨国忠和杨玉环。

"明眸皓齿今何在?血污游魂归不得。"不知道杜甫写这句诗的时候,悲伤中有没有愤怒。反正唐玄宗是有的。贵妃死了,京城都被占了,还是他最信任的干儿子干的。

最要命的是,北方大部分地区军队的战斗力非常渣,安史叛军打唐军如镰刀割韭菜,很多地方军甚至不战而降。

"北方二十四个郡,难道没有一个忠臣?"唐玄宗哭得像个被人抢了玩具的孩子。

当然有。

在北方敌占区,还有两个小城市没有降,一个是颜真卿的平原郡;另一个,是离平原郡不远的常山,太守叫颜杲(gǎo)卿。

没错,颜杲卿是颜真卿的从兄。

为了让颜杲卿跟着一起打朝廷,安禄山把他的儿子颜季明当作人质。黑社会都这么干。

然而在大义和亲情之间,颜杲卿选择了大义。

他和颜真卿联手,开始了剿匪行动。只是他们地盘太小,士兵只有区区数千。老兄弟俩到处求联盟,很多原本打算投降的将领,加入了他们的救国军。

可惜这里毕竟是叛军的根据地,颜杲卿最终战败。叛军把他送到洛阳。当时的洛阳已经被安禄山拿下,他在那里自称大燕皇帝。

颜杲卿一身硬骨头,对着安禄山开始大骂。安禄山就割了他的舌头,他满口是血,还在骂。安禄山命人砍下他的脚,还是骂。最后,他被一刀刀肢解……他那个做了人质的儿子颜季明,也被砍了头。颜杲卿全家三十多口,满门抄斩。

大名鼎鼎的国宝《祭侄文稿》,就是颜真卿在找到颜季明的头颅后写成的。

作为一幅书法作品,《祭侄文稿》多处涂抹,布局杂乱,但并不影响它的千古盛名。字里行间,我们能看到他在亲人被残忍杀害后,面对尸骨的悲伤和愤怒。

感情的释放,历史的见证,有时候比书法审美更重要。就像很多大文豪,写起文章来构思精妙、才华横溢,但是写的家信往往语言朴实,甚至笨拙,这是更真实的一面。

人字合一,浑金璞玉,这就是"真卿"。

就在侄子颜季明做人质不久,颜真卿为了说服另一个太守跟他一起保卫大唐,竟然也让自己十岁的儿子去做了人质。兵荒马乱,这孩子后来去向不明,直到二十年后才找到颜真卿。

这可是他唯一的儿子。不知道这二十年里,颜夫人有没有杀他的心。

舍不得孩子套不着狼,颜真卿舍得。在他忠烈大义的感召下,北方十七个郡都加入平乱大军,抄了安史叛军的后路,可谓居功至伟。

颜杲卿因为驻守常山,世人称之为颜常山。文天祥写的、林则徐抄过的《正气歌》里有一句"为张睢阳齿,为颜常山舌",说的就是颜杲卿被割了舌头还不投降。

安史之乱结束后,四十九岁的颜真卿回到朝堂。

按说立过这等大功,还是烈士家属,朝廷肯定没人给他穿小鞋了吧。才不会。

弄权的人像蟑螂一样,生命力是很强的。李林甫、杨国忠领了盒饭,首席大太监李辅国、元载又登场了。这时的皇帝是唐玄宗的孙子,唐代宗李豫。他的上位跟他老爹唐肃宗一样,都是被李辅国操控的。

大唐的藩镇问题还没解决,又添了一个宦官干政。这两大毒瘤渐渐把大唐榨干耗净,直至灭亡。后面的五代十国,本质上只是各个藩镇的延续。

这种政治环境,对颜真卿这样正直的人来说是很诡异的。很快,他就遭到元载诽谤,开始了下半辈子的贬谪生涯,什么峡州、抚州、湖州,调来调去。

唯一的静好岁月是在湖州。在那里,一个叫张志和的诗人跟他喝酒、钓鱼、谈书法,用"西塞山前白鹭飞,桃花流水鳜鱼肥"温暖了颜真卿的心和胃。

诗的后两句是:"青箬笠,绿蓑衣,斜风细雨不须归。"

真能不归也好,可他必须得归了。

在长安,已经挖好一个大坑,等着他跳进去。

05

挖坑的这个人,叫卢杞。

卢杞是当时的宰相,资深大奸臣。对他的评价,用王安石的话说:"重用这样的人都没有亡国,唐朝真幸运。"欧阳修说他是蛀虫,苏洵说他"足以败国"。

这样一个人,偏偏被颜真卿遇到了。

彼时,安史之乱虽然已经结束,但后遗症才刚刚开始显现。各个藩镇动不动就要搞独立,地区一把手轮不到朝廷任命,都是继承制,俨然一个个独立小王国。

淮宁节度使李希烈,就是其中一个。

公元782年,李希烈联合卢龙、淄青、魏博几个藩镇,宣布脱离中央,两年后自称皇帝。这帮军阀都是安史叛军的亲信,大唐对他们没有一点向心力。而且,他们都很能打。

如果武力对抗,中央是没有能力的。只能祭出最后一招:招安。

可是派谁去呢?卢杞选择了颜真卿。

要知道,当时李希烈已经公开称帝,明摆着没打算讲和,他们还特别不讲究战争礼仪,两军交战,先斩来使。

去,还是不去?这是一道送命题。

颜真卿又选择了去。这时,他已经是个七十六岁的老头了,很多人劝他,可以不去的。但他还是去了。

看过《三国演义》的都知道,对一身凛然正气的人,敌人也舍不得杀,先要招降,比如曹操对关羽。

李希烈见到颜真卿,情况也差不多。先许他宰相之位,荣华加身。颜真卿不但不从,反而对李希烈破口大骂。

软的不行来硬的。李希烈架起火堆,威胁要烧死他,颜真卿径直往火里走,被拉了出来。又给他看被割下的将领的耳朵,颜真卿面无

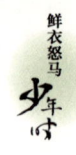

惧色。

最后又在他的牢房里挖坑：再不服，这就是埋你的地方。颜真卿还是一身硬骨头，宁死不从。

一通操作下来，李希烈没了耐心，后来将颜真卿绞死。这一年，他七十七岁，是从盛唐走来的那一批文人里最长寿的，也是死得最惨的。

复盘整个事件，与其说是李希烈杀了颜真卿，不如说是朝廷杀的，策划人卢杞，决策人唐德宗。

颜氏一族在安史之乱中的表现，忠义功勋都是一等，说对大唐有再造之恩也不为过。

北岛有诗："卑鄙是卑鄙者的通行证，高尚是高尚者的墓志铭。"

从玄宗后期的李林甫、杨国忠，再到肃宗、代宗时期的李辅国、元载，再到德宗时期的卢杞，卑鄙者总是畅行无阻、平步青云，高尚者往往落得颜真卿的下场。

06

弄臣的上台与藩镇的骚乱、朝臣向心力的瓦解，都在同一个历史点上出现，这绝非巧合。

安史之乱结束，大唐表面上又延续了一百五十年，但只是续命而已。那个统一的、独立的、真正的大唐,从这一刻就灭亡了。所谓大唐,已是N个表面统一的小王国。

安禄山推倒了第一块多米诺骨牌,后面中晚唐的困局只是它的连锁反应。牛李党争、藩镇割据、宦官干政,这三碗砒霜,大唐一直喝到死。

唐诗里的雄性荷尔蒙,从初唐、盛唐到中晚唐,是递减的。忠臣良将,在中晚唐已经找不到几个。

公元907年,大唐寿终正寝。

江山崩塌前夜,亡国之君唐昭宗[①],面对气势汹汹的农民起义军和群起的藩镇,发现身边竟没有一个可用之人。

他一声哀叹,写下一首蹩脚的《菩萨蛮》,其中两句是:

安得有英雄,迎归大内中。

呵呵。

[①] 最后一任皇帝唐哀帝,十四岁即位,十七岁被杀,只是一个傀儡皇帝,连亡国的资格都没有。

苏轼：月亮代表我的心

他在城东的山坡上有块地，
每天在田间地头，
也会跟村妇樵夫聊天。
他新取了个网名叫「东坡」。

01

宋神宗末年,首都开封。

一个名为"诗词小会"的群里,突然热闹起来,先抛出话题的是宋神宗赵顼:"我大宋开国百年来,文学发展始终未有唐时高峰,精神文明建设就有劳大家了,众爱卿说说,有何良策?"

皇上说话,大家不敢怠慢,纷纷发言。

"陛下,我在忙着搞经济。"说话的是王安石。

"我在写历史。"司马光也发上来一句话。

"我在练字。"黄庭坚说。

"臣也是。"米芾附和着。

"我看出来了,你们都很谦虚。众爱卿不要怕,我大宋自太祖起,就不杀文人。大胆说,错了没关系。"宋神宗鼓励大家。

片刻沉默过后,嘀嘀嘀,消息提示音响了。神宗看到一首词:

> 斗草阶前初见,穿针楼上曾逢。
> 罗裙香露玉钗风。

靓妆眉沁绿，羞脸粉生红。

署名：晏幾道。

"陛下，你看我这首《临江仙》怎么样？"

"好是好，但这样的词在朋友圈已经泛滥了，再说，你比得过你爹吗？比得过柳三变吗？比得过李煜吗？……朕要有大国气象，又要老百姓喜闻乐见，懂吗？"

神宗已经生气，晏幾道丢下一个"臣妾做不到"的表情，就再也不说话了。

又是一段长长的等待。忽然，一个人打破了沉默："让我来试试。"

说这话的人，叫苏轼。

02

彼时，大宋的文学界很尴尬。

唐诗的盛况早已远去，宋词的高峰还未到来，一贯有"诗庄词媚"之说。

"诗庄"，是说诗太庄重，条条框框多，内容以主旋律为主。很多宋代文人一边开脑洞写诗一边骂：唐朝人为啥把好诗都写光了？

"词媚"是说当时的词都比较柔媚甚至媚俗，难登大雅之堂。这是晚唐的"温韦"以及南唐后主李煜留下的风格，后来被柳永再度通

俗化，唱遍大街小巷和花街柳巷。

也可以用现在的歌曲打个比方。

"诗庄"就是：

难忘今宵，难忘今宵
不论天涯与海角
…………
告别今宵，告别今宵
无论新友与故交

"词媚"就是：

你身上有她的香水味
是我鼻子犯的罪
不该嗅到她的美
擦掉一切陪你睡

彼时的苏轼，已经是大宋公认的文坛大咖。他跟老爸苏洵、弟弟苏辙组建的"三苏"组合，名震全国。一门三大神，历史上也只有"三曹"可媲美。

有才归有才，他面对的题目难度是极大的。

唐诗三百年，山水人文、咏物怀古、相逢送别，能写的题材都有了，还都出过神作。要超越，很难。

宋词一百年，家国山河、春花秋月、深闺梦怨，该写的也都写了。要创新，也很难。

怎么破？

发出这声疑问的时候，苏轼正在密州的市府大院。此刻，他是密州市市长。

他是从杭州调到这里来的，虽说官位升了，由于当地远没有杭州富庶，等于明升暗降。朝内，以王安石为首的革新派还经常找他麻烦。

好吧。你们以为我只会写时政作文吗？那我就写个不一样的给你们看看。

唐诗什么题材最厉害？月亮。那我就写月亮。

我不用"晓风残月"，我要创造一个新的月亮，来PK"海上生明月""床前明月光"和"月是故乡明"。

既然都是月亮惹的祸，那就休怪老夫了。

(03)

那一天是公元1076年的中秋。

密州市府大院的门头上贴着"欢度中秋"四个大字，领导班子一群人和几个文艺界朋友正在搞联欢。

那一晚，他们喝了很多酒。天微微亮的时候，苏轼已经喝醉。

他走向露台，一阵狂呕，还打了个冷战。这欢乐的盛宴已经结束。

远处,一轮明月高悬。江流奔涌,月色如洗。

他想起了很多事。从眉山到开封,从文艺青年到政坛直男,从名震南北到兄弟离散。远处的月亮,好像懂他。

一首以月亮为主题的词,瞬间闪现——《水调歌头》:

> 明月几时有?把酒问青天。
> 不知天上宫阙,今夕是何年。
> 我欲乘风归去,又恐琼楼玉宇,高处不胜寒。
> 起舞弄清影,何似在人间?
> 转朱阁,低绮户,照无眠。
> 不应有恨,何事长向别时圆?
> 人有悲欢离合,月有阴晴圆缺,此事古难全。
> 但愿人长久,千里共婵娟。

这首词的厉害之处,在于意境深远而又通俗易懂。苏轼在与月亮的对话中,完成了一次极其浪漫的畅想。尤其结尾句,更像是神一样的存在。

当日,一封特快专递,由密州直达开封。宋神宗连读三遍,一边读一边说:"神作,太神了,比我神宗还神。"

04

这首《水调歌头》有多厉害呢?

后人评价说:"中秋词,自东坡《水调歌头》一出,余词尽废。"不能再厉害了。

但这首词的厉害之处,远不止这些。

让我们开一下脑洞,来看看苏轼写这首词的时候,脑子里到底在想什么?

在此之前,世人都知道他不仅是个文人,还是个工程师、佛学家、食神和酿酒师,但都没想到他还有一个更厉害的身份——天文学家。

那一年,仰望夜空的苏轼,没有把月亮呼作白玉盘,而是得出一个科学发现:月亮上的黑斑,是山脉的阴影。

千年前能这么想的人,是不是大神?

他写了一篇题为《日喻》的文章,来说明观察实践的重要性,以及实事求是的做事态度,还被爱因斯坦引用过,来阐明普通人对相对论的理解。(参见林语堂《苏东坡传》)

我严重怀疑,苏大叔是从现代穿越过去的。

好,再来看这首《水调歌头》,是文学还是天文学:

"明月几时有?"对宇宙起源、月球形成时间的思考。

"不知天上宫阙,今夕是何年。"对外星球纪年的思考。

"我欲乘风归去,又恐琼楼玉宇,高处不胜寒。"月球昼夜温差是三百多摄氏度,夜晚零下一百八十三摄氏度。

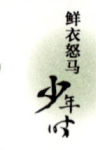

"起舞弄清影,何似在人间?"另一个意思是,地球更适合人类生存……

什么感觉?

地球已经无法阻挡苏轼了。

05

好,让我们再次回到文学上。

《水调歌头》之后,宋词有了全新的气象。

几年后,在黄州吃土的苏轼,创作出了《前赤壁赋》《后赤壁赋》和《念奴娇·赤壁怀古》,后者与他的"老夫聊发少年狂"一起,告诉世人:词,除了花间派、婉约派,还可以有豪放派。

那么,快乐的时候可以写出好词,失意的时候,能写出好的中秋词吗?

能。

公元1080年,四十三岁的苏轼,已经在黄州参加了《变形记》,成为一个彻彻底底的农民。他在城东的山坡上有块地,每天在田间地头,也会跟村妇樵夫聊天。他新取了个网名叫"东坡",并开始构思他的下一个大作。

又是一个中秋之夜,他望向千里之外的北方,那里有朝廷,有他的亲人。

他的情绪低到了极点。自己满腹经纶,原本是用来"致君尧舜上"的，如今却在"汗滴禾下土"。悲从中来，他又写了一首中秋词，即《西江月·中秋》：

世事一场大梦，人生几度秋凉？夜来风叶已鸣廊，看取眉头鬓上。酒贱常愁客少，月明多被云妨。中秋谁与共孤光，把盏凄然北望。

这首词容易理解，我简单翻译一下：
人生如梦，冷暖人间，年华老去。
一壶浊酒尽余欢，月亮被遮掩。
知交半零落，举杯向北看。
苏轼一生写过四首中秋词，只是因为《水调歌头》太过出名，人们反而忽略了其他的。
他的四首中秋词，长短不一，写时的心态也不同，但简单说，可以用一句话概括：
你问我爱你有多深，月亮代表我的心。

李清照：大宋文坛的一股清流

在她之后，
元明清三朝，
再没出过这样一个女人。

01

公元1101年,大宋文艺界发生了三件大事。

一是张择端五米多长的《清明上河图》被选入皇宫。宋徽宗第一次见到如此高清无码大图,震惊了,盖章点赞。

二是苏轼老先生去世,宋词半壁江山倾倒。他晚年最担心后继无人,收了四个学生,即"苏门后四学士",其中一位叫李格非。

三是李格非的女儿李清照,在这一年结婚。她刚过十八岁,老公是高干子弟赵明诚。

在当时的文坛,不管豪放派还是婉约派,都没有给女人留位子。

李清照是个不按常理出牌的姑娘,爱喝酒,有个性,自带文艺气质,好像一出生就挂了一身词牌。

她每次写词前都会思考一个问题:雄性荷尔蒙旺盛的豪迈词,和缠绵悱恻的婉约词之外,应该还有另一条路,它清新质朴,像一股清流。

李清照做到了。

出阁之前,她向大宋首都开封的媒体界,扔过去两首《如梦令》。

一首是"常记溪亭日暮，沉醉不知归路"，一首是"昨夜雨疏风骤，浓睡不消残酒"。尤其后者的点睛之笔"知否，知否，应是绿肥红瘦"，使得媒体界震惊如一滩鸥鹭。

赵明诚是个有梦想的官二代，事业上主攻考古，业余做做官。

梁思成和林徽因的故事说明，从事考古的直男，很容易爱上有才华的文艺女。赵明诚也不例外。

李清照芳华妙龄，才情泉涌，动不动还能喝个大酒，关键还"人比黄花瘦"，这样的姑娘不追，简直不配姓赵！

02

赵明诚马上制订了偶遇计划。在一年一度的元宵节上，他鼓足勇气，对正在看灯谜的李清照说：姑娘，这道灯谜的谜底我家里有，要不加个好友，回头发你。

那可是宋朝，这么大胆的搭讪，要是一般女人估计要骂"臭流氓"了，但李清照没有，她回复的内容更大胆：

绣幕芙蓉一笑开，斜偎宝鸭衬香腮。眼波才动被人猜。
一面风情深有韵，半笺娇恨寄幽怀。月移花影约重来。

这首《浣溪沙》可以有不同的理解，大致是说：早晨起床，我笑着撩开芙蓉花帘幕,抱着小鸭子香炉,托着香腮。我秋波流转,怕别人猜透心思。见你一面,就为你倾倒,忍不住给你写信:夜晚花下,我们再约哦。

欧阳修一句"月上柳梢头,人约黄昏后",不知打动过多少青春少年。李清照这句"月移花影约重来",也有同等杀伤力。

至少,赵公子被征服了,马上跟老爹说:"我想脱单。"

父亲很高兴:"儿啊,咱有房有车,还有首都户口,谁家姑娘?爹给你找媒人。"

赵明诚说:"我在梦里读到一本书,上面写着'言与司合,安上已脱,芝芙草拔'。"

爷儿俩假装研究了半天:"言与司合"是"词"字,"安上已脱"是"女","芝芙草拔"是"之夫",合起来就是"词女之夫"。哦,懂了,这是天意呀。

还记得《红楼梦》里薛宝钗的"金玉良缘"吗?谁说只有我们现代人会玩套路!这一对父子,和那一对母女一样,都是套路高手。

提亲那天,他们一早就到了。

李清照刚刚荡完秋千,一身汗,回到屋里,看到赵家来提亲。幸福来得太突然。

她将这个尴尬又幸福的时刻,写成一首《点绛唇》。这个词牌很有意思,"绛"是大红色,从字面看,就是"涂上我的口红"。

"蹴罢秋千,起来慵整纤纤手。露浓花瘦,薄汗轻衣透。"衣服因为汗湿贴在身上,肌肤若隐若现。一股荷尔蒙气息扑面而来,青春动人。

然后笔锋一转,"倚门回首,却把青梅嗅"。她以嗅青梅做掩护，又把来提亲的赵明诚偷看一遍。

谁套路谁还不一定呢！

结局当然是有情人终成眷属。

新婚宴尔，女才郎貌。在首都开封的CBD，在古玩市场，以及各大开封菜馆里，到处都是他们撒狗粮的身影。

03

赵明诚一心扑在考古上，青年时期就在酝酿他的大作《金石录》。

这部巨作有多厉害呢？之前的文坛大神欧阳修写过一本《集古录》，是当时考古学的经典。而赵明诚的《金石录》就是《集古录》的Plus版本，收录的金石拓本更多，考证更深。直到现在，它在考古界依然有重要价值。

除了写写诗词、上上大宋媒体的头条，李清照的大部分精力都用于协助丈夫的文物研究工作。

如果没有政坛变故，他们很可能在诗酒年华中走完令人羡慕的一生，成为古代中国少有的文坛伉俪。

可是别忘了，那是北宋末年，政坛云谲波诡。

婚后没几年，赵家被蔡京排挤，公公很快去世，赵明诚也被调往山东莱州，李清照作为家属，搬到青州乡下生活。这相当于现在从北京调到地方农村。

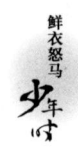

好在，目标明确的人，内心都比较强大。

夫妻二人没被变故打倒，反而用更多的时间去完成《金石录》。十年间，赵明诚长年累月外出考察，搜集各种文物、题名、拓片，为《金石录》的写作积累材料。李清照则到处搜寻字画、奇书，这其中，还有唐朝手抄本的李白、杜甫、韩愈和柳宗元的文集。

这是个特别烧钱的事，钱不够，就变卖家当。有一次，李清照看到有人卖的古代字画正是自己想找的，可身上钱不够，也没带信用卡，就立马去当铺当掉衣服，买买买。

当然，李清照也不是单纯的工作狂，生活情趣还是有的。

赵明诚熬夜加班，李清照就明目张胆地撩拨：

晚来一阵风兼雨，洗尽炎光。理罢笙簧，却对菱花淡淡妆。
绛绡缕薄冰肌莹，雪腻酥香。笑语檀郎：今夜纱厨枕簟凉。

洗过澡、化点淡妆、穿上蕾丝，冲赵明诚勾勾手指：今夜的竹席好凉哦。

把不可描述之事，描述得这么清新脱俗。除了她，谁还能写？谁还敢写？

公元1127年，金兵入侵中原。赵明诚被调到南京，四十四岁的李清照跟着南渡。

每到下雪，她就跑到郊外踏雪寻诗，赵明诚就推掉公务，苦哈哈陪着。颠沛流离，苦中作乐。人到中年的李阿姨，还有一颗文艺心。

千万别觉得，才女都不食人间烟火。除了词写得好、酒喝得多，李清照还有一大绝技——打麻将，不仅玩，还是专家。

为了将其发扬光大，她还写了《打马图经》，"打马"就是麻将的前身。在序言里，李清照说："予性喜博，凡所谓博者皆耽之，昼夜每忘寝食。"（我天性喜好博戏，不能自拔，经常废寝忘食。）文中列出多种博戏玩法，并一一评价，声称自己技术精湛。以我有限的知识量来看，这可能是中国古代最全的博戏记载。

这枚文艺女青年，竟然还是一位职业"赌神"。

不过，她很快就没心情玩牌了。金兵大举南下，大宋危在旦夕，很多城市一夜变幻大王旗。这其中，就包括南京。

04

赵明诚本该誓死抵抗的，可最令人惋惜的一幕发生了。

得到叛军造反的消息，赵明诚万分悲痛，拿起一根绳子……别担心，他不是上吊，而是把绳子垂下城墙，带着两名副手连夜跑了。一个大宋知州、地区一把手，竟然关键时刻掉链子，这个污点，赵市长永远都洗不白了。

但分析一下当时的环境，还是替赵明诚感到一丝委屈。

宋朝从立国开始就是重文轻武，在官员任命制度上非常业余。赵明诚无非是一个文物专家，不懂军事、不懂治理，偏偏让他管理南京这个南北对峙期的关键城市。让管理也行，朝廷总得给点兵权呀，也没有。而当时的叛军，是朝廷直接领导的中央军。赵明诚那样的行政班子，在这样的叛军面前，抵抗力几乎为零。

从后来赵明诚又被重新起用来看，估计朝廷也理解他的苦衷。

但不管怎么说，临阵脱逃、贪生怕死这两口锅，赵明诚是背牢了。没过多久，他因痢疾去世，享年四十九岁。

四十六岁的李清照失去了依靠。

似乎一夜之间，那个"薄汗轻衣透"的女文青，"如今憔悴，风鬟霜鬓，怕见夜间出去"。

家国穷途，美人迟暮。

北宋文坛的风花雪月，正在风流云散。李清照也文风大变，这期间，她最出名的是一首《夏日绝句》：

> 生当作人杰，死亦为鬼雄。
> 至今思项羽，不肯过江东。

有人说这是写给赵明诚的，也有人说是暗讽朝廷，不管写给谁，在李清照眼里，这些男人都不够男人。

李赵二人没有子女，赵明诚去世后李清照失去了唯一依靠。她带着一堆文物继续南下，先去绍兴，后来流落到杭州。

此时，一个叫张汝舟的男人，正在杭州等着她。

05

万物皆有裂痕,那是渣男进来的地方。

在杭州,经人介绍,李清照认识了一个自己的崇拜者——张汝舟。

这个小人物原本不会在历史上留下痕迹,可是李清照选择了他。他的身份,也不再是杭州的一个小公务员,而是著名女词人的第二任丈夫。

事情的经过我们已经无从得知。唯一知道的是,已经四十九岁、在流亡中寡居的李清照,正好处在空窗期,她需要一个男人一起走完后半生。

这在礼教盛行的宋代,不被世俗道德压死,也会被唾沫星子淹死。

但彪悍的人生不需要解释。李清照老了,骨子里还是那个李清照,不就是再嫁吗?谁爱说就让他说去。

老年人恋爱这事,幸运了是老来伴,不幸了就是老房子着火。

结婚之后,张汝舟很快暴露了动机,他要的不是李清照的文采,而是她的文物。

要知道,这些文物对于李清照可不是理财产品,而是她和赵明诚的事业,据说宋高宗曾经要出三百两黄金购买,她都没出手。一路逃难过来,或丢或盗,手里仅存十之一二,怎么能落到张汝舟手里呢?

于是,李清照遭遇了严重家暴。

她在求救信中说,张汝舟对她"决欲杀之""遂肆侵凌,日加殴

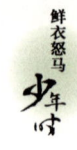

击……"——我快被他打死了。

离婚,必须离婚。

然而,这又面临一道世俗障碍。按照宋朝法律,女人是不能提离婚的,除非丈夫犯了重罪。

巧了,张汝舟还真犯过事。他曾经虚报过应举次数,并因此获得官职。可能有人会说,不就是履历造假吗?这也叫事?嘿嘿,在古代这不仅是个事,还是个大事——欺君之罪。

李清照以考古一样的严谨精神搜集证据,一告张汝舟造假欺君,二告他家暴狠毒,诉讼离婚,成功恢复自由身。

这时的她,已是知天命之年。你以为她该消停消停养养老了?并没有。

晚年李清照,似乎越来越激昂。她一边流亡,一边激发大宋的荷尔蒙:

子孙南渡今几年,漂流遂与流人伍。
欲将血泪寄山河,去洒东山一抔土。

千古风流八咏楼,江山留与后人愁。
水通南国三千里,气压江城十四州。

公元1155年,整理完成赵明诚《金石录》后的第二十年,李清照去世。那一年她七十二岁,善终。

06

大宋文坛上有很多狂人,柳永、苏轼、陆游、辛弃疾,一个个比一个飒,那个叫周邦彦的,还敢跟宋徽宗争李师师小姐,要不说文人最想去的时代首选宋朝呢,那是个允许文人傲娇的时代。

李清照呢?一个女人,狂得起来吗?

可以的。

她的狂,还不是喝酒、打马、写闺房词,而是挑战大佬。在她的《词论》里,李清照对北宋大佬一个个点名批评:

"柳永的名气很大,也懂音律,就是太低俗。"

"晏殊、欧阳修、苏东坡这些大佬,都有大才,可惜他们没有音乐细胞,把诗当成了词。"

"王安石、曾巩,写文章很厉害,但他们的词一看就让人晕倒,根本读不下去!"

"晏幾道、贺铸、秦观、黄庭坚才是写词行家,可惜呀,晏幾道的词缺乏铺叙,贺铸用典不行。"

"秦观太婉约,没内容,就像一个贫家美女,漂亮倒是漂亮,可惜没气质。黄庭坚略好一些,但总有点小毛病,不完美。"

以上内容可不是我瞎编,有兴趣的读者可以找她的《词论》一看。

李清照写这篇点评时不到三十岁,是什么概念呢?想象一下,21世纪的今天,一个青年女作家,对着鲁迅、巴金、沈从文一通批评会是什么画面?

更何况苏轼是谁呀,她老爹李格非的老师,李清照应该叫师祖。欧阳修是谁呀,苏轼的老师,李清照应该叫曾师祖。

那么,她说得对吗?

不好意思,基本上是对的。只是在那个尊卑有序的时代,人们不适应这种表达。

文坛爆炸了,从宋朝炸到清朝,被李清照气到吐血的文人一个接一个。他们对李清照的批评,最具代表性的是一句话是"其妄不待言,其狂亦不可及也",总结为两个字:狂妄。

你说李清照狂不狂?

很多人一想到古代才女,会把李清照跟薛涛、鱼玄机并列,其实李清照有本质的不同。

薛涛、鱼玄机有学识胆识,但没有独立意识,依然是男权时代下的小女人,而李清照不是。从爱情、婚姻、事业,到对时局的判断、家国情怀,她始终清醒而主动。她不像千年前的宋朝女人,更像一个现代女性,独立、勇敢,知道自己要什么。在她之后,元明清三朝,再没出过这样一个女人。

李清照有一首《鹧鸪天》是写桂花的,其中有一句:

何须浅碧深红色,自是花中第一流。

这难道不是她自己的写照吗?无须用大红浅绿来装点,已是女人中的第一流。

辛弃疾：哥的忧伤你不懂

腰间的吴钩宝刀都快生锈了,
还没杀过敌。
他喝了一碗酒,
登上一个叫赏心亭的亭子。

01

公元1157年,大宋首都开封,此时已被金国占领。

一座朱门大院内,一个年轻人喝完一杯爷爷泡的茶,就要离开家了。

那一年,他十八岁,要去做大事。

爷爷叫辛赞,是当时的开封市市长,但一心想要抗金,收复中原。可是他已经老了,重任落在年轻人身上。

他想让孙子长成一代猛男,就像西汉名将霍去病一样,于是给孙子取名:辛弃疾。

辛弃疾是济南人,从他出生那里就是沦陷区。父亲死于战争,他从小由爷爷辛赞带大。

众所周知,由爷爷带大的孩子,一般都很厉害。比如,葫芦娃兄弟。

但葫芦娃是每人只有一个绝招,而辛弃疾是一个全能天才。

02

彼时，南北对峙期间，南宋对金国占领区过来的人很谨慎，称为"归正人"，跟从良一个意思，明摆着搞地域歧视。

所以要想取得南宋的信任，就得拿出诚意。

那好，我就备几份大礼。

年轻的辛弃疾，用了两三年时间，玩了几把cosplay（角色扮演）。

首先，他借着赶考的机会，去了燕京，当时的燕京是金国首都。辛弃疾考完试，没像别的同学那样喝酒撸串，而是骑着单车满城转悠，把金国的高官住所、军营位置、政府要员之类的情报，摸了个门儿清，还绘制了地图。

这个时候，他就是邦德，詹姆斯·邦德。

第二件事，是几年后组建了一支两千人的小部队，跟金军打游击战，还带领同志们学习持久战的精神，要跟金国死磕到底。

这时，他很像他的山东老乡宋江。

第三，在他二十三岁那年，有个叫张安国的叛徒，杀了即将投靠南宋的爱国领袖。辛弃疾就带着五十个兄弟，冲到五万人的金军大营，愣是把张安国绑了出来。

这时，他又成了赵子龙。

总之，青年时代的辛弃疾，一点都不像个写歌词的。

宋孝宗惊呆啦，这货是个大猛人啊。当场表示：来了就是大宋人。

03

然而,辛弃疾到了南宋,发现的却是另一番景象。

当时的南宋集团分为两派,主战派和主和派。主战派的口号延续了岳飞的梦想:还我河山。主和派的口号是:人不犯我,我不犯人。人若犯我,我忍。

可是大boss太尿了,重用主和派,把主战派都排挤出去了。

辛弃疾血气方刚,每天的口头禅就一个字:干。

所以,被别人干到一边了。几年里,从江阴到广德,从南京到滁州,总是屁股还没坐热,就被调离。

那一年秋天,被调到南京的辛弃疾很郁闷。他终于知道南宋战败的原因了:不是敌人太猛,而是队友太尿。

他喝了一碗酒,登上一个叫赏心亭的亭子。腰间的吴钩宝刀都快生锈了,还没杀过敌。想到这里,一首《水龙吟》浮现,其中几句是:

> 落日楼头,断鸿声里,江南游子。
> 把吴钩看了,栏干拍遍,无人会、登临意。
> …………
> 倩何人、唤取红巾翠袖,揾英雄泪!

大概意思是:我这么能打,你却让我做个小文官。哥的忧伤,有人懂吗?啊!有谁能给我找个妹子,帮我擦干眼泪。

他以为这首词能引起大boss的重视,可是什么都没有发生。

杭州城里的达官贵人们,依旧天上人间。城市上空,夜夜飘着销魂的歌声:来呀,快活呀,反正有大把时光。

04

不过,对朝廷不满的不止辛弃疾一个人。很多荷尔蒙旺盛的猛男,都在写诗作文骂朝廷。

比如,最火的一首诗叫《题临安邸》:

> 山外青山楼外楼,西湖歌舞几时休。
> 暖风熏得游人醉,直把杭州作汴州。

这诗一出,朝廷很不高兴。

让我们一起喝酒撸串不好吗,为什么非要打打杀杀呢?你们这些臭诗人,一点都不懂事。谁再提"抗金""屈辱",一律屏蔽。严重者,罢官。

大家一想,是呀。你看超级大咖岳飞,够牛吧,整天喊着"待从头,收拾旧山河",结果,自己被收拾了。

所以,码字是高危职业,要当心。

05

从此以后，辛弃疾变成了一个"典故狂人"。在他的词里，到处都是典故，像密码电文，要是不多读几本历史书，根本看不懂。

这一年元宵节，辛弃疾到首都杭州出差。在回招待所的路上，他看到车水马龙的杭州城，宅男美女走上街头，参加一年一度的元宵大联欢活动。

集市上，商人们在挑选货品；花灯下，年轻人在相互加好友；青楼里，大咖们在酝酿诗词大作。

辛弃疾瞄了一眼手里的调岗文件，又一首词涌上心头。在宋词的浩瀚海洋里，有过那么多神作，但这首《青玉案·元夕》一直占有重要一席：

> 东风夜放花千树，更吹落、星如雨。宝马雕车香满路。凤箫声动，玉壶光转，一夜鱼龙舞。
>
> 蛾儿雪柳黄金缕，笑语盈盈暗香去。众里寻他千百度，蓦然回首，那人却在，灯火阑珊处。

有人说，这首词没法解释，一解释就是画蛇添足。

而我喜欢的一种说法是：他这是跟朝廷说，我就是我，是颜色不一样的烟火。你们要找人才，为啥还把我放在灯火昏暗处呀。

虽然不得志，但他这时对朝廷还没有失去信心，他相信，总会有驰骋沙场的一天。

只是他没想到,这一天一直都没有来到。

06

此后的很多年,辛弃疾一直没有得到重用,最大的成就就是在湖南平息茶商叛乱。其他时间他被朝廷调来调去,每到一处,就写一首词吐槽。

在江西,他写了《菩萨蛮》:

郁孤台下清江水,中间多少行人泪。西北望长安,可怜无数山。

…………

他很郁闷,北方的家园都看不到了。

在湖北,他写了《摸鱼儿》:

…………

长门事,准拟佳期又误。蛾眉曾有人妒。千金纵买相如赋,脉脉此情谁诉。君莫舞。君不见,玉环飞燕皆尘土。闲愁最苦。休去倚危栏,斜阳正在、烟柳断肠处。

他其实是告诉朝廷那些人,你们都别作。看看杨玉环、赵飞燕,

再得宠，最终也都是尘土。南宋就像下午五六点钟的太阳，快game over啦。

这些词尽管很含蓄，但表达的基本是一个意思：我不是针对谁，我是说在朝的各位都是垃圾。

07

宋朝朝廷有个毛病，不用的人，也不让你在一个地方好好待着，一定要把你调来调去。比如苏东坡，也是一生颠沛流离，晚年写了个工作总结报告：

> 心似已灰之木，身如不系之舟。
> 问汝平生功业，黄州惠州儋州。

辛弃疾一定读过前辈的词，所以他的总结报告是：

> 平生塞北江南，归来华发苍颜。
> 布被秋宵梦觉，眼前万里江山。

历史一直在重演，英雄一直在落泪。

但英雄都是惺惺相惜的。在不得志的后半生里，辛弃疾结识了范成大和陆游，当时这二人与杨万里、尤袤被称为"中兴四大诗人"，都梦想着朝廷能雄起。

范成大作为外交官,去了一趟开封跟金国谈判,回来就写了一首诗:

> 州桥南北是天街,父老年年等驾回。
> 忍泪失声询使者,几时真有六军来?

皇上呀,中原人民等着我们去解救呢。

陆游则更厉害,可以想想他的"夜阑卧听风吹雨,铁马冰河入梦来",以及"楚虽三户能亡秦,岂有堂堂中国空无人"。

都是被诗词耽误的"古惑仔"。

除此之外,还有很多大咖跟辛弃疾成为朋友,比如陈亮、刘过,以及哲学教授朱熹等等。他们都是主张复仇的主战派,可以叫作:复仇者联盟。

08

所有这些人里,将复仇进行得最彻底的,还是辛弃疾。

他的一生,有二十年基本是被闲置的,在江西过闲居生活。

这二十年,他每一天都在想报国杀敌。每当前方传来坏消息,辛弃疾都会大声喊:稳住,我们能赢。

然后打开笔记本,写下一首首杀气纵横的词。词里有"男儿到死

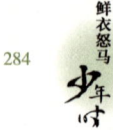

心如铁,看试手,补天裂",有"醉里挑灯看剑,梦回吹角连营",有"易水萧萧西风冷,满座衣冠似雪"。

当然,还有"金戈铁马,气吞万里如虎",那首满篇典故的《永遇乐·京口北固亭怀古》。那首词很长,典故很多,要想说清楚,这篇文章装不下。

总之,不管辛弃疾怎么愤怒,朝廷还是没有重用他,在他五十岁那年,竟然给了他一个在武夷山主持道观维修的小官。

唉,金戈铁马,被赶下地拉犁了。

这样的日子,一直持续到他退休。

六十岁刚过,他突然收到一个offer:朝廷终于要打金国了。一个叫韩侂胄(tuō zhòu)的宰相担任总司令,他想要一战成名。

但辛弃疾经过分析发现,这时并不适合打仗。韩侂胄之所以找他,是为了让他背锅。辛弃疾果断拒绝,彻底辞官。这个锅,老子不背。

果然,韩侂胄大败而归。南宋攒了多年的家当,一夜回到解放前了。

战败的消息传来,病中的杨万里痛哭流涕,大声骂娘:"奸臣佞作,以至于此。"第二天去世。

辛弃疾在悲愤中撑到第二年,一天夜里大喊三声"杀贼"后去世。

陆游在悲痛中卧病三年,留下一句"王师北定中原日,家祭无忘告乃翁",卒。

09

在人们的印象中，文人一般不懂军事政治。但宋朝文人例外，他们都是业余写写诗词的实干家，比如苏轼、王安石。

到了南宋，遭遇家仇国难，岳飞、范成大、陆游这样能文能武的人就出现了。而辛弃疾，是把多面手发挥到极致的人。

就好像一个数理化都考满分的学霸，你以为他是个理科生，翻开他的试卷一看，人家地理历史作文也是满分。

要知道，他二十六岁就给朝廷写了军事论文《美芹十论》，后有著名的《九议》。他还有几个观点："与虏骑互相出没，彼进吾退，彼退吾进，不与之战，务在夺其心而耗其气。"

这是什么？毛主席最推崇的游击战呀。

再看看他三十来岁时的远见："仇虏六十年必亡，虏亡则中国之忧方大。"意思是：金国六十年后肯定灭亡，但是金国灭亡之后，中国才面临真正的大患。这个大患，就是蒙古。

果然，六十二年后，蒙古干掉了金国，开始收拾南宋。

这神一样的预言，没有军事战略眼光是不可能做出的。

结果呢？"却将万字平戎策，换得东家种树书。"这些平乱的策略著作，朝廷根本不会看，还不如回家读《树木种植技术》。

所以，如果你也觉得自己怀才不遇，想想辛弃疾，就没那么忧伤了。

陆游：我一身盔甲，却藏不住软肋

多年以后，
陆游回味那壶酒，
它是那么醇香，
又是那么苦涩。

01

展开公元1205年的中国地图,南宋蜷缩在东南一角,像一块老年斑。

文坛也老了。

深秋,绍兴一处宅院里,一个八十岁的老人缩在躺椅上。身旁,已生起火炉,他的孙子正在煎茶。

老人双眼微闭,喃喃地问:"还有什么消息?"

孙子拿起炉上的陶壶,说:"上个月,辛弃疾从镇江太守的位子上被罢免,走到京口,写了一首词,有'直须抖擞尽尘埃,却趁新凉秋水去'的句子。"

老人无奈一笑:"'新凉秋水去'?哼哼,他那是故作轻松。"

"是呀爷爷,朝廷仓促起兵,却罢免辛大人,谁不知道他一辈子都想北伐!"

老人沉默良久,轻声叹息:"北方有什么消息?"

孙子的语气略微轻松了一些:"哦,一个叫铁木真的蒙古首领,刚刚打败西夏,被尊为'成吉思汗',听说是'拥有海洋四方'之意。口气倒不小。"

他还未说完,老人睁开了双眼,一脸严肃。"辛大人说得没错,蒙古的野心绝不是草原,而是星辰大海。"

孙子愤愤不平:"可他们连文字都没有,据说铁木真亲自坐镇,正在造文字。"

老人又一声叹息,岔开了话题:"金国呢?"

"金国正在备战……哦对了,两个月前,有个叫元好问的金国人,才十六岁,写了一首词。"

听到诗词,老人面色舒缓了一些。"念来听听。"

孙子酝酿了一下情绪,款款念道:"问世间情为何物,直教生死相许。天南地北……"

"停。再念一遍。"

孙子重复前句,念道:

> 问世间、情为何物,直教生死相许?
> 天南地北双飞客,老翅几回寒暑。
> 欢乐趣,离别苦,就中更有痴儿女。
> 君应有语:渺万里层云,千山暮雪,只影向谁去?
> ……………

屋内一片寂静,只能听到外面的秋风声。两行浊泪从老人的眼角流出。

良久,他望着窗外,吃力地探身,"扶我起来。"

"爷爷，外面冷，还是别出去了。"

老人很固执。拿起手杖，踩着满地黄叶，颤颤巍巍走出院子。

绍兴东南，有一座当地最大的园子。曾几何时，每到春日，游人如织，而这一年的深秋，园子一派萧条。

老人站在门口，抬头望，两个红漆大字斑驳暗淡，但依稀可辨，是"沈园"。

老人像是喃喃自语，又像低声抽泣："情为何物……千山暮雪，只影向谁去？"

是呀，只影向谁去？老人陷入回忆。

60年前，这个园子，一个叫唐婉的姑娘曾经来过。那是他们白衣飘飘的年代。

这个梦游似的老人，叫陆游。

02

那一年，他二十岁，她十七岁，他们结婚了。

陆游的老爸，是曾经的临安知府，也就是南宋首都杭州的一把手。婚礼上，江南的官场文坛很多人都来了，高朋满座。陆家的藏书小楼"书巢"破例对外开放，因为他们刚刚为朝廷的藏书馆，拿出一万三千卷藏书。

唐婉的老爸，是曾经的郑州通判，也是一位名儒。书香门第里，唐婉是独生千金。

门当户对，才子佳人，虐遍满城单身狗。

他们一起吟诗作对，一起抚琴饮酒，一起踏青郊游。

去得最多的地方，就是沈园。

婚后某天，春和景明，他们又到了沈园。

唐婉："我突然好奇，你为什么叫陆游？"

陆游："我母亲是秦少游的粉丝。我出生那天，她梦到秦少游，就用'游'字给我取了名。"

唐婉冰雪聪明："哦，这么说来，你的字'务观'……"

陆游："没错，取自少游的名'秦观'。"

唐婉呵呵笑了："我也喜欢秦少游，看来，我跟你妈能够好好相处了。"

到底是十七岁，只看到诗情画意，看不到婆婆的心意。

两年之后，天真的唐婉小姐就发现，婆媳关系比国际关系还难处理。

03

她遇到了当时女人最怕的问题：不能生育。

在那个"无后等于不孝"的年代，这个问题很严重。况且陆游妈妈已不再是少女心，而是婆婆心。梦里也不再抱秦少游，而是抱孙子。

或许,婆婆是提出过解决方案的。比如,让陆游再娶妻,唐婉做妾。可唐婉是什么出身呀,大家闺秀,读书识字,她怎么甘心。

一个书香世家,开始出现硝烟味。

婆媳开打,房倒屋塌。到最后,婆婆祭出终极大招——让他俩离婚。

但陆游也是个有脾气的人。在这轮交锋中,他选择了媳妇,带着唐婉离家出走,到外面租了房子。那套房子没有甲醛,他们还年轻。他们相信,婆婆总有一天会妥协。

可是他们想错了,只有不用心的婆婆,没有拆不散的夫妻。

陆游他妈也出身名门,见多识广,或许还有丰富的婆媳斗争经验,有的是手段。想出去单过,没那么容易。婆婆带着人找到他们,用尽一切办法、一切理由,就是要拆散他们。

这一轮,陆游妥协了。

休书的最后,写着:"任其改婚,永无争执。恐后无凭,立此为据。"在左下角,陆游忍住眼泪,签字盖章。方方正正的大红印章,很像他们洞房的喜字。

接下来几年里,陆游与唐婉一别两宽,各自悲喜。

陆游又结婚了,新娘姓王,温顺贤惠,一辈子相夫教子,在七十一岁那年去世。唐婉也再婚了,丈夫叫赵士程,是宋太宗赵光义的五世孙,官方认证的赵宋宗室。

如果没有后来的事,他们可能真的一别两宽,你做你的才子,我当我的佳人,在各自眼里,对方只是前夫前妻。

可是,后来的事接连发生。

04

又是一个游园的好天气。

沈园不愧是江南名园，亭台楼阁，环湖而建，绿波荡漾，斜桥倒影。

陆游正在桥上看风景，一转身，发现一个熟悉的面孔。正是唐婉。

四年未见，她瘦了。

唐婉也看到了他，似乎有点不知所措，什么话也没说，只是拿出鲛绡一样的手帕，快速擦掉眼泪。

陆游却有一点兴奋。他眼里有一道光闪过，想起了那句著名的歌词："哦，原来你也在这里。"

唐婉似乎真因为这突如其来的偶遇怔住了，吞吐半晌，才开了口："是……是呀。"

陆游嘴角上扬，正要接话，唐婉说出了下半句："我老公也在。"

"哦……那后会有期。"

陆游快步离开，去到一个无人的亭子，心潮起伏。

没多大会儿，一个仆人模样的少年走了过来，他身后，还跟着一男一女两个仆人。他们送来了酒菜，在圆形石桌上整齐摆放好。菜品精致，甜点可口，还有陆游最爱喝的黄縢酒。

送酒菜，是赵士程吩咐的。

送什么酒菜，是唐婉叮嘱的。

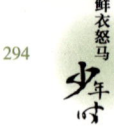

多年以后,陆游回味那壶酒,它是那么醇香,又是那么苦涩。

借着酒劲,他找到一面白墙,擦掉上面的"到此一游",来了一首"到此一吟"。正是那首催泪大作《钗头凤》:

> 红酥手,黄縢酒,满城春色宫墙柳。
> 东风恶,欢情薄。一怀愁绪,几年离索。
> 错、错、错。
>
> 春如旧,人空瘦,泪痕红浥鲛绡透。
> 桃花落,闲池阁。山盟虽在,锦书难托。
> 莫、莫、莫!

唉,都是东风太恶,吹散满城春色。唐婉的红酥手再也不能牵,连一封信都不能写了。

东风是春天的风,怎么会"恶"呢?这个问题,只有陆游知道。妈是亲妈,怎么会"恶"呢?

沈园一别,陆游去了杭州,谋求事业。他是诗人,是爱国诗人,是胸怀大志的爱国诗人,怎能为一个女人困扰。

"莫作世间儿女态,明年万里驻安西。"他的梦想,在庙堂,在沙场,在灭胡大计。

而唐婉,也去了一趟杭州。

05

西湖畔,一个简朴的农家小院。

仆人在院子里候着,唐婉推开房门。

屋子很小,书籍、字画、拓片、佛像等堆满一地,无处下脚,说是客厅,更像仓库。只有中堂上一副对联,证明这里确是用来住的。这幅字遒丽飘逸、质朴淡雅:

压沙寺里万株芳,一道清流照雪霜。

落款:晁补之。

晁补之是苏轼的四大高徒之一,这幅字,是他写给当时的翰林学士王拱辰的。

多年以后,王拱辰的孙女,嫁给一个叫李格非的人,生了个女儿。李格非很喜欢"一道清流照雪霜",给女儿取名,叫李清照。

"来啦?"一个苍老的声音打招呼,正是李清照,此时她已将近七十。

唐婉"嗯"了一声,在椅子上坐下。"前辈,我见到他了,在沈园,无意中撞见的。"

"见到就见到呗。"李清照有一种看破红尘的从容。

唐婉:"可是,见到后才知道,我心里一直有他。"

李清照:"忘掉失去的,珍惜眼前的。再说,你现在的赵士程,不也是个好男人吗?"

是呀，论出身、论修养，赵士程在绍兴城也是数一数二，关键他还能接受自己的过往。这一点，唐婉是知足的，她只是有所不甘。沉默了一会儿，叹口气说："唉，他陆游这么有血性，怎么就是个妈宝男呢？"

李清照微微一笑，"当朝太子都说了，以后要以孝治天下。"

唐婉："前辈，这个我当然知道。我只是怕，我永远忘不掉他。"

李清照："你可以不用忘，放下就好。"

唐婉："要是放不下呢？"

李清照："心上多个人，会很沉。……"

听到这里，唐婉轻轻附和了一句："我懂了。"

她真的懂了吗？

也许都懂了，只是做不到。

06

而此时的陆游，事业上正在好转，那个给他下绊子的秦桧死了。

陆游以"小李白"的称号，红遍江南，从一个小小的宁德县主簿调到首都杭州，走马上任大理寺。

可就在这年，一个消息从绍兴传来：唐婉死了，是病逝。

没人知道陆游是怎么回到绍兴的。人们只知道，那天的绍兴沈园，来了一个失魂落魄的男人。

偌大一个沈园，没几个游人。陆游只身到来。这里有他们的曾经，也是他们最后见面的地方。

鬼使神差，他又走到那面墙前。墙没有改变，只有光秃秃的枯藤横七竖八，他的《钗头凤》还很清晰。

余光扫过，突然发现在他题字处三尺开外，也有一首词。更巧的是，名字也叫《钗头凤》，陆游一行行念去，泪如雨下。那首词写道：

> 世情薄，人情恶，雨送黄昏花易落。
> 晓风干，泪痕残。欲笺心事，独语斜阑。
> 难，难，难！
>
> 人成各，今非昨，病魂常似秋千索。
> 角声寒，夜阑珊。怕人寻问，咽泪装欢。
> 瞒，瞒，瞒！

诗尾署名：唐婉。

那个一直不敢问、不好意思问的问题，终于有了答案。可一切都已结束。

池阁颓败，美人成土。

连念想也没了。

07

那年之后,陆游突然变了。

他像一个老炮儿,看到不平事就开撕。

一个军中大员独揽大权,他上书直言。主和派人多势众,他跟一群人开撕。甚至上书皇帝,不要躲在杭州,要迁都到南京,那才是前线,才能壮军民士气。

这样的性格,注定宦海沉浮。

朝堂待不住,那就去前线。他去了夔州、去了汉中、去了四川,那是离"灭胡"最近的地方,离梦想最近的地方。

有时候他很热血,"书生快意轻性命,十丈蒲帆百夫举";也很自信,"南沮水边秋射虎,大散关头夜吹角"。

有时候很清高,自比梅花,"无意苦争春,一任群芳妒。零落成泥碾作尘,只有香如故"。

当然,有时候也到成都的"海棠十万株"里走一走,"月浸罗袜清夜徂,满身花影醉索扶"。

有人向朝廷打小报告,说他"放荡不羁"。陆游说那好,我就叫"放翁"吧。

他终究没有看到南宋收复失地的那一天。

胡未灭,鬓先秋,泪空流。
此生谁料,心在天山,身老沧州。

快七十岁的时候,这个老游子终于回家了。

"夜阑卧听风吹雨,铁马冰河入梦来。"收复国土的梦想,只能在梦里想想。

壮士暮年,无尽凄凉。能给他慰藉的,只有沈园了。那里曾经有一个人,有一双红酥手,一壶黄縢酒。

六十八岁,他去了:

> 林亭感旧空回首,泉路凭谁说断肠。
> ············
> 年来妄念消除尽,回首蒲龛一炷香。

七十五岁,他去了,写了《沈园》二首:

> 城上斜阳画角哀,沈园非复旧池台。
> 伤心桥下春波绿,曾是惊鸿照影来。
>
> 梦断香消四十年,沈园柳老不吹绵。
> 此身行作稽山土,犹吊遗踪一泫然。

八十一岁,寒冬腊月,他病倒了,只能梦游去沈园。于是,就有了那首《十二月二日夜梦游沈氏园亭》:

> 城南小陌又逢春,只见梅花不见人。
> 玉骨久成泉下土,墨痕犹锁壁间尘。

八十二岁，他又去了，对着那面斑驳的墙，念着唐婉的《钗头凤》，黯然神伤：

> 城南亭榭锁闲坊，孤鹤归飞只自伤。
> 尘渍苔侵数行墨，尔来谁为拂颓墙？

八十四岁，他又到了沈园：

> 沈家园里花如锦，半是当年识放翁；
> 也信美人终作土，不堪幽梦太匆匆。

唐婉作土半个世纪后，放翁也将匆匆跟随。

公元1210年的元月，绍兴阴冷，寒气刺骨。八十六岁的陆游躺在床上，气若游丝，陆家子孙围站一圈。

"爷爷，您还有什么要吩咐的么？"

陆游强打起精神，重复了日前写的那句诗：

> 王师北定中原日，家祭无忘告乃翁。

众人大声应答："一定会的。还有么？爷爷尽管吩咐。"

陆游气息更微弱，但嘴角分明露出一丝微笑：

"家祭的时候……别忘了……要黄縢酒。"

知否,知否,此话大有来头

风雨落花的场景,似乎一直埋在她脑子里,就等着那个「不消残酒」的早晨。

01

李清照有首词,里面有一句"知否,知否,应是绿肥红瘦",因为同名电视剧的热播,也跟着火了。

今天就聊聊这首看似简单的小令。

这首《如梦令》算是李清照的代表作,先回顾一下:

> 昨夜雨疏风骤,浓睡不消残酒。
> 试问卷帘人,却道海棠依旧。
> 知否,知否,
> 应是绿肥红瘦。

这是哪一年写的?书上没记载,但基本可以肯定,她当时还是个小姐姐。

那个春天的夜晚她喝醉了,沉睡过去。第二天,睁开眼就问小丫鬟:"一夜风雨,院子里的海棠花咋样了?"

小丫鬟神经很大条:"还是老样子呀!"

李清照觉得她们不是在一个频道上沟通，赶紧纠正："知否，知否，肯定是绿叶多、红花少。"

碎了一地的海棠花，让她伤感了。

这首词看起来非常简单，也只是作为一首单独的词放进了我们的课本里，背完就翻篇了。

可事实上，这首词大有来头。

因为它不是李清照一个人写的，而是好几个人，用四百年时间写的。

在那个海棠花落的早晨，它掉落在诗词的大树下，被李清照用她的妙手，偶然拣了起来。

来，我们看看它是怎么穿越到李清照面前的。

02

时间回到大唐开元初年。

也是一个春天的早晨，襄阳城外，鹿门山上，二十出头的孟浩然刚刚起床。他在这里已经隐居两年，不用在襄阳城挤地铁，也不用为房租发愁，他要安安静静做一个美男子。

山里风雨停息，脑海诗意汹涌，小孟同学几乎脱口而出，一首简单到极致的小诗就出来了：

> 春眠不觉晓，处处闻啼鸟。
> 夜来风雨声，花落知多少。

好诗有两个特征，一是不能够解释，二是读起来比看起来更好，并且百读不厌。

这首《春晓》就是这样。浑然天成，一点雕琢的痕迹都没有，只用二十个常见字，就营造出一个诗意的场景。

或许你看出来了，孟浩然的"夜来风雨，花落多少"，不就是李清照"雨疏风骤，绿肥红瘦"吗？甚至，有的大咖在给李清照这首《如梦令》选标题时，直接叫它《如梦令·春晓》。

看到这想说啥？原来李清照也不过如此嘛。

先别急，事实没这么简单。从《春晓》到《如梦令》，中间还缺几样东西。

第一个，叫作"情"。必须有一位足够深情、心细如发的人，才能补上这一环。

终于，一百多年后，一位情诗大高手缓缓走来。他的名字，叫李商隐。

03

孟浩然走的是田园风，很清淡，很佛系。

而李商隐是个男版林黛玉，体内有杜甫的真传加持，情感汹涌，一出招就是化骨绵掌，读之轻者黯然神伤，重者肝肠寸断。

在他的诗里，什么春风、春光、春日，菊花、桃花、荷花、杏花，一大堆，一有花花草草遭受风雨，他就会出招。

"我为伤春心自酸，不劳君劝石榴花。"

"莫惊五胜埋香骨，地下伤春亦白头。"

"君问伤春句，千辞不可删。"

"客散酒醒深夜后，更持红烛赏残花。"

…………

有没有黛玉葬花的既视感？所以一句"留得枯荷听雨声"，就把处女座林妹妹给征服了。

这一年暮春，李商隐参加了一场诗友会，夕阳残红，曲终人散。他走进庭院，看到繁花凋谢，一阵伤感莫名袭来：

> 高阁客竟去，小园花乱飞。
> 参差连曲陌，迢递送斜晖。
> 肠断未忍扫，眼穿仍欲归。
> 芳心向春尽，所得是沾衣。

满地花瓣，他不是去喊保洁员，而是不忍心扫去。看到树上的花还在继续乱飞，他竟然哭了。

这是不是一记化骨绵掌？

跟李清照的"绿肥红瘦"一起看，一样见不得花谢，一样伤春。只是当时的李商隐，是个命途多舛的中年大叔，功力深厚；而十七八岁的李清照还达不到"肠断"的程度，只有淡淡的忧伤。

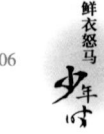

写完这首《落花》，李商隐大叔一声长叹："碌碌尘世，会有人继承我的衣钵吗？"

"有。"一个清脆的声音答道。

李商隐转过身，见他十几岁的外甥拿着一枝海棠。李商隐擦干眼泪，面带欣慰："孩子你过来，小姨父把毕生功力都传给你。"

这个叫李商隐"小姨父"的孩子，名叫韩偓（wò）。

04

韩偓是谁？可能很多人不熟悉，但关于他的一句诗非常有名。

那一年，才十岁的韩偓作文篇篇满分，在家宴上被亲戚们称作"别人家的孩子"。

李商隐微微一笑："不好意思，这是我家的孩子。"然后赋诗两首夸外甥，其中一句是："桐花万里丹山路，雏凤清于老凤声。"丹山上的凤凰展翅高飞，雏凤的叫声比老凤还清亮。

意思相当于长江后浪推前浪。

长大后，韩偓果真继承了小姨父的衣钵，成为晚唐著名情感作家。后来有一本叫《香奁集》的诗集，被认为是韩偓写的。

香奁，就是女人的化妆箱。光听这名字就知道他的诗风，绮艳，缠绵。比如"三月光景不忍看，五陵春色何摧残""树底草齐千片净，墙头风急数枝空"，再比如"总得苔遮犹慰意，若教泥污更伤心"等等，题目都是"残花""伤春""惜春"之类的，深得姨父真传。

又是一个春天，韩偓看到一个小姐姐。她头天晚上喝醉了，睡了个懒觉，第二天起来想到院子里的海棠被风雨打落，春心萌动。

这意境太美了。韩偓站在小姐姐的角度，写了一首《懒起》：

> 百舌唤朝眠，春心动几般。
> …………
> 暖嫌罗袜窄，瘦觉锦衣宽。
> 昨夜三更雨，今朝一阵寒。
> 海棠花在否，侧卧卷帘看。

是不是似曾相识？

没错，"百舌唤朝眠"，就是孟浩然的"春眠不觉晓，处处闻啼鸟"，但它比《春晓》更有烟火气，加了一味"情"。后面三联，简直是唐诗版的《如梦令》。

是不是又忍不住了：原来你是这样的李清照？

Easy, easy.

光有这首《懒起》，还是不能写出《如梦令》，缺的另一样东西，是音乐。

几乎同一时期，又一个李家人上场了。他推开身边的小姐姐，拿过话筒：

没有音乐吗？来人，上吉他！

05

上场的这位,名叫李存勖(xù)。

话说,晚年的韩偓已经不是大唐公民,当时唐朝已经倒闭,进入五代十国时期。其中一个叫后唐的短命小国,创始人就是李存勖。

李存勖不仅很能打,还特别喜欢玩音乐,被称作"伶官天子"。他迁都洛阳后,把国家大事交给一帮太监打理,一门心思搞歌舞会演,各种作死。

讽刺的是,没过多久,后唐爆发内乱,李存勖肉体毁灭。几个宫廷乐师给他办了一场很艺术的告别仪式:堆起一大堆乐器,把李存勖架上去,一把火烧了,做了"音乐发烧友"。

李存勖当皇帝不靠谱,却是一个优秀的音乐导师。在某一场"后唐好声音"活动上,有一位未来的天后级歌手如仙女下凡。李存勖后来念念不忘,给她的曲子填了一首词:

曾宴桃源深洞,一曲清风舞凤。
长记别伊时,和泪出门相送。
如梦,如梦,
残月落花烟重。

那次天上人间,小姐姐的舞姿太美了,如梦一般。李存勖搁下毛笔,对这首词很满意,就叫它《忆仙姿》吧。

这是一首经典金曲,从五代十国,一直唱到北宋末年。

公元1084年,是北宋文坛的黄金时代。

在首都开封,一个六十六岁的老头终于完成了他的史学巨著。他长舒一口气,郑重写上宋神宗钦赐的书名:资治通鉴。这个老头叫司马光。

这一年,四十八岁的苏轼结束了黄州岁月,后几经辗转任职翰林院,守得云开见月明。曾打算"西北望、射天狼"的他,突然岁月静好起来。大江东去,就让它去吧,做人,最重要的是开心。来,看看我的《忆仙姿》:

> 手种堂前桃李,无限绿阴青子。
> 帘外百舌儿,惊起五更春睡。
> 居士,居士,
> 莫忘小桥流水。

曲子好是好,就是"忆仙姿"这个名字忒俗,要改。苏大叔还是尊重原创的:如梦……如梦……就叫它《如梦令》吧。

还是这一年,首都开封,一个官宦人家喜提千金。老父亲凝视中堂上一联草书,"一道清流照雪霜",给女儿取名:李清照。

老中青三代,都在这一年获得新生,传递着文坛火炬。

直到这时,《如梦令》的曲调,以及"夜里风雨花落遍地我很伤心"的意境都有了,一首全新的《如梦令》即将登场。

只是,接下来登场的人,依旧不是李清照。

06

众所周知，苏轼一生桃李满天下，他最喜欢的是四个尖子生，叫"苏门四学士"，其中一个叫秦观。

是的，就是写"两情若是久长时，又岂在朝朝暮暮"那位。

这一年，喜欢朝朝暮暮的秦观同学，又一次"柔情似水"了。他决定用《如梦令》向老师致敬：

> 莺嘴啄花红溜，燕尾点波绿皱。
> 指冷玉笙寒，吹彻小梅春透。
> 依旧，依旧，
> 人与绿杨俱瘦。

不愧是婉约派大师，一出手就释放他的荷尔蒙，燃烧你的卡路里。

李清照的父亲也是苏轼的学生，前辈的这些作品，青春期的李清照都读过。

风雨落花的场景，似乎一直埋在她脑子里，就等那个"不消残酒"的早晨。

这次真应该看出来了，在她这首《如梦令》诞生之前，几乎每个字，前辈们早已替她写完：

"昨夜雨疏风骤"与"夜来风雨声"；

"试问卷帘人"与"侧卧卷帘看";

"却道海棠依旧。知否,知否……"与"海棠花在否";

甚至那个点睛的"瘦"字,都有"瘦觉锦衣宽"和"人与绿杨俱瘦"打底。

我都忍不住,真想对她说一句:知了,知了。

说了这么多,绝不是要黑李清照。一样的场景,一样的意象,不同的人就有不同的感受。这恰恰是唐诗宋词的魅力。

即便现在,对这首词的解读也是众说纷纭。

有人说,她只是单纯地惜春;有人说不对,不忍红花凋零,分明是感叹容颜易老;还有的说,她在想念一位小哥哥。

当时真有这么一位小哥哥吗?天知道。

有意思的是,多年后的南宋,她那个叫辛弃疾的济南老乡,写了这么几句:

> 小楼春色里,幽梦雨声中。
> …………
> 海棠花下去年逢。
> 也应随分①瘦,忍泪觅残红。

---

① 随分:意思是"依旧"。

何以解忧,唯有粉丝

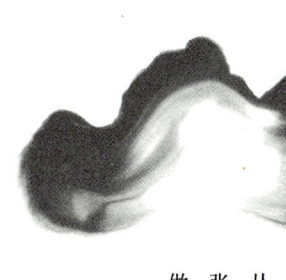

从作品到人品,张籍用行动做了一个死忠粉的标准姿势。

01

公元744年，洛阳城东。

李白刚刚出席了一场粉丝见面会。

这是他被"赐金还山"的第一站。说白了，就是被挤出了皇家社交圈，赔了点安置费。他发现粉丝们的热情大不如以前，探讨诗歌的少，打听杨玉环丰胸秘籍的多。

李白很郁闷，当场发飙："我怎么会知道？就算知道我也不会告诉你！"说完扬长而去。

而就在一个月前，他还是全国诗歌界的第一大咖，长安的精英圈子"酒中八仙"之首，政坛名流贺知章、皇妹玉真公主都是他的粉丝。就连玄宗在路上看见他，也会摇下车窗打个招呼。

可是现在，恍若隔世。

02

李白走进一家小酒馆,倒了一杯酒。"来,兄弟,走一个。"

坐在他对面的年轻人是杜甫,眉宇间一股英气。

此时,杜甫已经在粉丝见面会候了一天,终于能跟偶像坐在一起喝酒了,他举起酒杯。"白哥不必烦恼,是金子,总有散尽的时候。"

"你会不会聊天?"

"白哥不要捉急,我是说,功名如浮云,而你志在星辰大海。"杜甫连忙解释。

"那都是从前了,没看我大批脱粉吗?有的还回踩。"

"白哥还记得'掷果盈车'的故事吗?潘安又帅又有才,一出门,姑娘们就往他车上扔水果。做不做官,都有人供养。而白哥你这么帅,靠颜值,一样能红。"

"那都是死忠粉,我又没有。"李白喝了一口酒。

杜甫停顿片刻,"砰"的一声,把酒杯往桌上一磕。"有!我就是。"

03

李白呵呵一笑,并没有说什么。这样的话他听多了,自从飞黄腾

达，连很多以前鄙视他的人也都转粉：

> 当时笑我微贱者，却来请谒①为交欢。

杜甫，会不会也是一个脑子发热的小粉丝？

但他没想到，杜甫是认真的。他真心仰慕李白的才华，每写一首诗，他都要@李白："求哥指点。"

但多年过去了，李白只把杜甫看作一个老实的小弟。他的朋友圈迎来送往，跟一个又一个大神搞互动。

孟浩然要去扬州，他秀图发文：

> 故人西辞黄鹤楼，烟花三月下扬州。

王昌龄被贬，经过贵州，他挂念兄弟之情：

> 我寄愁心与明月，随风直到夜郎西。

就连请他吃了几顿农家乐的汪伦，李白也不吝笔墨：

> 桃花潭水深千尺，不及汪伦送我情。

但对于杜甫，他只有一句调侃：

---

① 谒（yè），拜见。

> 借问别来太瘦生,只为从前作诗苦。

兄弟,别只顾着写文章,该补补身子了。

而杜甫呢?对李白从来不吝赞美。他一生为李白写了15首诗,除了崇拜就是思念。就算李白犯了政治错误,身败名裂,杜甫依然力挺李白:

> 世人皆欲杀,吾意独怜才。

很多时候,朋友看不下去了,心疼他:"李白不值得你粉。"

但马上被杜甫打断:"不,我不计较这些。我看重的是他的才华,我要给后人一个榜样,怎样才是一名优秀的死忠粉。"

04

你是什么样的人,就会遇到什么样的人。

几十年后,李杜王孟,都随着盛唐一起翻篇了。

中唐到来。

在洛阳的一座宅子里,一个叫张籍的诗人正在吃早餐。

餐桌上放着一罐无添加蜂蜜,几个馒头片。他洗了洗手,小心翼

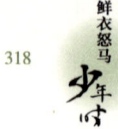

翼,从抽屉里拿出一张纸。把纸放在餐盘上,点燃,然后轻轻把灰烬聚拢,收好,倒上蜂蜜,搅拌均匀。

然后,他吃了下去。

吃完之后,张籍打了个饱嗝:"致君尧舜上",比"星垂平野阔"好吃。

没错,他吃的是杜甫的诗。

彼时的张籍,是皇家大学著名教授,也是乐府诗的革新主力。他的朋友圈里有韩愈,有孟郊,都是大神。

要是还没想起张籍是谁,我就用他的名句吓吓你:

> 还君明珠双泪垂,恨不相逢未嫁时。

按说,这么有才,也有这么多大神朋友,他用不着粉杜甫。可他却是个骨灰级的杜甫粉。

杜甫写:"生女犹能嫁比邻,生男埋没随百草。"

张籍就写:"家家养男当门户,今日作君城下土。"

杜甫写《新婚别》,有"暮婚晨告别,无乃太匆忙"。

张籍就写《征妇怨》,有"夫死战场子在腹,妾身虽存如昼烛"。

杜甫写《春望》,有"烽火连三月,家书抵万金"。

张籍就写《秋思》,有"洛阳城里见秋风,欲作家书意万重"。

张籍不仅作诗向杜甫致敬,连做人也向杜甫靠拢。

张籍还有一个大咖朋友,叫白居易。这也是一个耿直的boy,无论朝内朝外什么事,他感到不爽就出手,连大boss唐宪宗做得不对,他也直言不讳,所以一生得罪了不少小人。

晚年的白居易,卸下官职,住在洛阳的一栋别墅里。虽说衣食无忧,但平时那些自称脑残粉的同僚和下属,都渐渐不上门了。只有张籍经常登门拜访,陪老同志下棋聊诗。

没了权力,才能看清人间冷暖。白居易很感动:

> 昔我为近臣,君常稀到门。
> 今我官职冷,唯君来往频。

我位高权重的时候,你很少上门。今天我没有权力了,只有你还愿意过来。

这种场景,千百年来都在上演,直到今天。

从作品到人品,张籍用行动做出了一个死忠粉的标准姿势。

05

又是一个喝酒谈诗的下午,秋风萧瑟,夕阳斜照。张籍望着躺椅上的白居易问:"老白,你这辈子,就没个偶像?"

"当然有。"

"哦?是谁?"

"你猜猜看。"

"你的《长恨歌》一出，谁还敢歌？你的《琵琶行》一出，谁还行？李贺，二十七岁就走了。元稹，你俩是好朋友。韩愈，跟你风格不搭。孟郊，太严肃了……真猜不出来。"

白居易从躺椅上坐起身。眼前的茶杯冒着雾气，他抿了一口，看着张籍，吐出三个字——

"李商隐。"

"你是说那个毛头小子？哈哈。"但随即，张籍止住了笑。这在意料之外，又在情理之中。

没错，如果要在中晚唐选一个唐诗的旗手，除了李商隐，再无他人。

06

白居易真的是李商隐的粉丝吗？

不仅是，还是绝对的死忠粉。

白居易粉李商隐，不是在朋友圈给他点赞，也不喝他的"诗灰"，而是——叫他爸爸。

你没看错。

退休之后的白居易，越读李商隐的诗，越觉得这是一个超级大神。于是，他公开对媒体说："我死后，得为尔儿，足矣。"意思是：我死之后，来世愿做你的儿子。

要知道，白居易比李商隐大四十岁，官也大了好几级。按理说，如果真喜欢一个后辈，就让他给自己做儿子呀。比如曹操，看孙权很有才，就说"生子当如孙仲谋"，打不打得过不重要，先占你点便宜。但白居易一个老前辈，对后生说这样的话，这得死忠到什么程度？

如果你也这么问，说明你不知道，李商隐对晚唐的诗歌界意味着什么。

07

这么说吧，自初、盛唐以来，作为扛把子的诗仙诗圣，李杜已经站上了唐诗的珠穆朗玛峰，光芒万丈。

你看得着，但你永远够不到。

到了晚唐，后辈诗人都在走前辈的老路。这就好比，前者是开宗立派的宗师，后辈不管武功再高，也是在宗师的套路里玩耍。

后人曾有总结：整个唐诗界，能够开宗立派的只有四个人——李白、杜甫、韩愈，以及李商隐。

李商隐的诗，既简单直白，又朦胧难懂，让汉字组合达到了最美的意境。

他写情，深入浅出：

何当共剪西窗烛，却话巴山夜雨时。

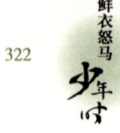

他吐槽皇帝不问国事,只想长生:

> 可怜夜半虚前席,不问苍生问鬼神。

他敢揭开血淋淋的现实:

> 剑外从军远,无家与寄衣。
> 散关三尺雪,回梦旧鸳机。

还能用最简单的字,勾画出苍凉之美:

> 夕阳无限好,只是近黄昏。

而他更多美到爆的诗,竟然连标题都不要,名为《无题》,有如下名句:

> 相见时难别亦难,东风无力百花残。
> 春蚕到死丝方尽,蜡炬成灰泪始干。

> 身无彩凤双飞翼,心有灵犀一点通。

> 春心莫共花争发,一寸相思一寸灰!

> 直道相思了无益，未妨惆怅是清狂。

如果这还不足以让你献出膝盖，请看他这首谜一样的神作——《锦瑟》：

> 锦瑟无端五十弦，一弦一柱思华年。
> 庄生晓梦迷蝴蝶，望帝春心托杜鹃。
> 沧海月明珠有泪，蓝田日暖玉生烟。
> 此情可待成追忆，只是当时已惘然。

每一个字你都认识，但你能说出他的意思吗？
这就叫"诗意"。

在唐诗星空中，李商隐不是最令人瞩目的那一颗，但一定是你不能忽略的一颗。

他的诗很少用生僻字，却很难翻译，从不让中间商赚差价。这有点像王家卫的电影，只可意会不可言传。你不用去管他想说什么，你只要欣赏他怎么说就行了。

白居易死忠于李商隐，就是一个老前辈，对一个天赋异禀的少年的由衷钦佩。

08

现在,让我们把时钟拨回到公元769年。

那是在杜甫去世前。他从岳阳,一路颠簸,要去长沙投靠朋友。半路上,他回想自己的一生,写了一首《南征》,结尾句是十个字:

> 百年歌自苦,未见有知音。

老子写了一辈子诗,也没个死忠粉啊。

那一年,张籍才四岁。如果他能听到杜甫的叹息,不知道那一刻会不会吐出奶嘴,像杜甫对李白那样,对杜甫大喊一声——

"有,我就是!"

这个世界上,知音确实难寻,但并非没有。

杜甫一辈子死忠李白,张籍喝杜甫的诗灰,白居易愿来世做李商隐的儿子,尽是"知音"的致敬。

楼上有骚人

在中国文化里,
没有被命运蹂躏过、
没有把屈原头像设为屏保的文人,
不足以聊诗歌。

01

"我喝多了,想睡一会儿。"

范仲淹放下酒杯,斜靠在小船上。秋天的凉风掠过湖面,吹乱他花白的胡须。

"别睡呀哥,文章还没给我呢!"

说话的人叫滕子京,是范仲淹的好朋友。他此时的身份,是岳阳市市长,确切地说,是被贬到岳阳的朝官。

"别,别催稿,我醒了……就给你写……"范仲淹推开滕子京的手,裹了裹衣领,闭上了眼睛。

"哥,这是你第十二次说这话了,开工典礼时你答应我的,这都竣工一年了。没有你的文章,我这岳阳楼怎么打出名头?《洞庭晚秋图》都给你画好了,哎哥,你醒醒,哥,醒醒……"

02

一望无际的洞庭湖,只有这一叶小舟。四周格外安静,偶尔有一两只水鸟飞过的声音,随即就被范仲淹的鼾声盖过。

不知过了多久,远处传来渔歌。歌声很悠远,时断时续,似真似幻,却并不见渔船。

睡梦中,范仲淹只听得入迷,冥冥中似乎有一种力量在召唤。他拿起船桨,循着歌声奋力划去。

穿过一团厚重的水雾,一座巨大的宫殿赫然出现。宫殿正门没有台阶,也没有路,划船就可以进入。整个宫殿像是漂浮在湖面之上。

范仲淹被这景象惊呆了。就在几年前,他可是大宋帝国的副宰相,洛阳的紫微宫,汴京的大庆殿,什么世面没见过,却都不及眼前这座宫殿来得震撼。

那是什么感觉呢?他没法形容。

不管了,进去再说。他擦了擦满头汗水,整整衣冠。猛抬头,只见大殿正门上方题着六个大字——

汨罗江殇学院。

03

"下面是谁?"

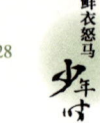

刚进门,听到一个浑厚的男低音问,范仲淹打了下哆嗦,赶忙报上家门。

"来这里做什么?"那人又问。

"来……为寻找救国救民的方案。"

"哈哈哈哈……"四周突然爆发出一阵大笑,范仲淹这才看清楚,在这条"小河"两岸——宫殿的两边,竟然站满了人。

"年轻人,这个话题我们谈论上千年了,太沉重,聊个简单点的吧。"

年轻人?我年近花甲,他竟然叫我年轻人?范仲淹摸着花白的胡子摇摇头。

可是随即,他就承认自己年轻了。刚刚说话的人已飘然而至,他的胡子、头发已经全白,脸上褶皱纵横,看上去有八十多岁。

范仲淹整整衣冠。"好吧,我有篇命题作文要写,没思路。"

"啥命题?"

"《岳阳楼记》。"

又一阵大笑:"So easy.听好了年轻人,我只念一遍。"老者从宽袖子里摸出一壶酒,一口气喝完,接着念道:

湖光秋月两相和,潭面无风镜未磨。
遥望洞庭山水翠,白银盘里一青螺。

"您……您是刘禹锡前辈?"

范仲淹惊掉了下巴上的几根胡须。这首《望洞庭》,静谧而空灵,充满奇思妙想,如同神秘的洞庭湖。

"读过我的诗？不错，不错。"

"这首诗乃前辈被贬途中所作，十几年放逐生涯，竟然不带一丝落寞气息，请收下晚辈的膝盖。""扑通"一声，范仲淹健硕的身躯对着船底重重一击，水面荡开圈圈波纹。

"莫非，这位后生也是逐臣？"又一个声音问道。

"这位前辈好眼力，我给朝廷上书十条，发起'庆历新政'改革，却被那帮小人攻击，说我暗结朋党，唉！"

问话者没有直接搭话，也念了几句诗：

爱才不择行，触事得谗谤，
前年出官由，此祸最无妄。

范仲淹不禁心头一喜，惺惺相惜之感油然而生。

这首《岳阳楼别窦司直》是在向朋友诉苦：我为了革新政坛，爱才心切，难免出现失误，用了不靠谱的人，这次贬官，就是被政敌诽谤，无妄之灾啊。

诗的作者，叫韩愈。

日夜敬仰的偶像，此刻就站在范仲淹面前，他反而惊愕得说不出话，只是吞吞吐吐："您……您是……"

那人微微点头，一言不发，飘然而去。

"说起岳阳楼，有比我更有资格的吗！"

韩愈的背影刚刚隐去，又一个声音传来。

04

原本安静下来的四周,顿时传来一阵窃窃耳语。

范仲淹打量来人,也是一位老者,身上的紫色蟒袍表明了他的身份,这也是一位宰相。

"敢问前辈是……?"范仲淹恭敬地作揖,问道。

来人捋捋胡须,吐出两个字:"张说。"

这位大文豪,从混乱的武则天一朝,宦海沉浮,一路走到开元盛世,终成一代名相。无数个贬谪的夜晚,范仲淹都在羡慕这位老前辈,那是人臣宰辅的典范。更巧合的是,岳阳楼在唐朝的修建者,正是这位张说。

范仲淹一撩长袍,"失敬失敬!前辈,也请收下我的……"

"别跪了,把船底磕破,你就回不去了。"说话间,张丞相猛烈咳嗽几声,清清嗓子,也念出他的诗:

> 巴陵一望洞庭秋,日见孤峰水上浮。
> 闻道神仙不可接,心随湖水共悠悠。

秋日洞庭,君山孤立,看不见传说中的仙人,只有悠悠湖水。

"好诗啊,好诗!不愧是盛唐七绝的划时代之作。"范仲淹击掌感叹。

"这首《送梁六自洞庭山》,是我被贬岳州时送友人所写,跟你那位叫滕子京的朋友一样。唉,自古文人,谁能逃脱这个魔咒呢。我做了宰相，也主宰不了自己的命运哪……咳咳……"

范仲淹还想说什么，张说却转过身，迈着蹒跚的脚步，渐渐挪去。

"张丞相留步！"一个急切的声音拉着长调，从范仲淹身后传来，"我还想为你写诗。"

张说没有回答，也没有回头，只伸出右手挥了挥。

范仲淹细看来人，也是一位老者。"前辈，念给我听吧。"

老人手持拐杖，把目光转向范仲淹，凝视半天，幽幽说道："好吧年轻人，这是我为张丞相写的诗，你姑且一听。"

> 八月湖水平，涵虚混太清。
> 气蒸云梦泽，波撼岳阳城。
> 欲济无舟楫，端居耻圣明。
> 坐观垂钓者，徒有羡鱼情。

当"波撼岳阳城"念出，人群中叫好声此起彼伏："孟襄阳大气！""孟夫子威武！"……

这个被称作"孟襄阳""孟夫子"的人，正是孟浩然。这首诗，是他写给张说的求职信，叫《望洞庭湖赠张丞相》。

"好诗啊，好诗！"范仲淹也伸出了大拇指，"不过我听说，张丞相并没有……"

"是的年轻人，刚才你都看见了，张丞相对我还是很高冷。唉，没人懂我孟浩然呀。"

"吾爱孟夫子，风流天下闻。"孟浩然话音刚落，一个高亢的声音从一旁传来。来者一袭白袍，须发飘飘，腰间一把七星大宝剑，清澈的眼眸透出桀骜。

不用递名片，范仲淹已猜出他的身份，那是个让历代文人绝望的名字。

李白。

05

范仲淹又惊又喜，没想到这座"汨罗江殇学院"，竟是文坛天才老年班。赶忙作揖，急切问道："有诗吗？"

"有酒吗？"李白不啰唆，反问道。

范仲淹赶紧解下酒囊，双手递过去。

李白接过，并无一声道谢，一口气灌进喉咙。将空酒囊随手一扔，脱口念道：

> 划却君山好，平铺湘水流。
> 巴陵无限酒，醉杀洞庭秋。

"好诗好诗！""果真太白气势！"人群中叫好声未落，李白又接连念出两首：

> 帝子潇湘去不还,空余秋草洞庭间。
> 淡扫明湖开玉镜,丹青画出是君山。
>
> 洞庭西望楚江分,水尽南天不见云。
> 日落长沙秋色远,不知何处吊湘君。

众人的叫好声,从热烈升级为沸腾:"厉害了,我的白哥!"……

人群里不知是谁,应该是刚喝完酒,借着酒劲大喊一声:"你咋不上天呢?"

李白用眼角余光一扫,接着念道:

> 南湖秋水夜无烟,耐可乘流直上天。
> 且就洞庭赊月色,将船买酒白云边。

大殿顿时陷入寂静,众人如同身临无边的天庭。冥冥中,有悠扬的笛声响起,接着是急促的古筝,短促有力的音乐声,抖落了大殿横梁上的灰尘,空中仿佛飘来荡气回肠的烟嗓歌声:

> 沧海一声笑,滔滔两岸潮。
> 浮沉随浪,只记今朝。
> 苍天笑,纷纷世上潮。
> 谁负谁胜出,天知晓。

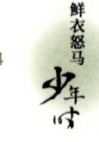

远离政坛,逍遥江湖,这是多么巴适的人生啊!范仲淹沉浸在歌声中,如痴如醉,却丝毫没注意到,李白已经跟随孟浩然飘然隐去。

06

四周安静下来。范仲淹拿起船桨,继续向前划。

这座宫殿比他想象中大得多,两边有时传来耳语声,有时是歌声。

在远处大殿尽头,正中央有一只宽大的座椅,坐着一位老者。

远远望去,乌黑的座椅,灰色的地板、墙壁,与老者的青灰色长袍融为一体,看不清他的面容。只有几缕雪白的胡须,在风中微微飘荡。

范仲淹正欲加快速度,四周又响起音乐。是一种叫作瑟的乐器。声音缥缈不定,如泣如诉,直抵灵魂深处,不像凡间音乐。

"那是湘灵在鼓瑟。"一个声音打断范仲淹的思绪。

"湘灵?可是尧帝之女,舜帝之妻?"

"没错,舜帝客死他乡,湘妃夜夜鼓瑟,最后悲戚而亡,死在这洞庭湖里,化作神仙,人们都叫她湘灵。"

"难怪这音乐听了让人想哭。"

来者没有搭话,神情阴郁,用苍老干枯的声音念道:

> 善鼓云和瑟，常闻帝子灵。
> 冯夷空自舞，楚客不堪听。
> …………
> 流水传潇浦，悲风过洞庭。
> 曲终人不见，江上数峰青。

"你是钱起？"范仲淹激动地大叫。

"呵呵呵呵……"

老者并未作答，几声干笑，同这缥缈的瑟声一起渐渐消失了。

"太悲伤啦！"范仲淹扬起船桨，冲着宫殿上空一声长叹。

空旷的大殿里，像回声一样传来一个声音："有我悲伤吗？"

谁？

一个与范仲淹年岁相当的老者赫然出现。他面容憔悴，形容枯槁，破旧的酒囊比他身上的衣服还脏。

"不知这位前辈大名，莫非也有诗给我？"

老者用颤巍巍的手解下酒囊，猛灌几口，说道："自古伤心地，一座岳阳楼。若想要诗，拿去。"

接过那张残破的纸片一看，范仲淹当场石化——那是一首摄人心魄的《登岳阳楼》：

> 昔闻洞庭水，今上岳阳楼。

吴楚东南坼①，乾坤日夜浮。
亲朋无一字，老病有孤舟。
戎马关山北，凭轩涕泗流。

没错，这个枯瘦的老者就是杜甫。

那是在他去世前两年，大唐战火正烈，生民涂炭，杜甫拖着病躯来到岳阳楼上。他毕生的诗歌造诣和遭受的非人苦难，似乎就是为了写这首诗。

后世千家注杜，可人们并不知道怎么形容这首诗，只能用最高的评价致敬："阔大沉雄，千古绝唱""元气浑灏，目无今古""气压百代，为五言雄浑之绝"……

在杜甫的大气压下，他的头号大粉丝、同样被贬谪的白居易来了，他带来的诗叫《题岳阳楼》：

岳阳城下水漫漫，独上危楼凭曲阑。
春岸绿时连梦泽，夕波红处近长安。

"一生襟抱未曾开"的李商隐来了，他拿出的诗也叫《岳阳楼》：

汉水方城带百蛮，四邻谁道乱周班。
如何一梦高唐雨，自此无心入武关。

---

① 坼（chè），裂开。

楚怀王你这个浑蛋,为啥搞了一夜巫山云雨,就没心思搞国家大事了?

陶渊明来了:"宁固穷以济意,不委曲而累己。"

王维来了:"日落江湖白,潮来天地青。"

贾至来了:"莫道巴陵湖水阔,长沙南畔更萧条。"

柳宗元来了:"桂岭瘴来云似墨,洞庭春尽水如天。"

李益来了:"洞庭一夜无穷雁,不待天明尽北飞。"

…………

一个个前辈走来,一个个大咖隐去。范仲淹只觉得脸上一阵燥热,自己之前写的诗文实在拿不出手,连"酒入愁肠,化作相思泪"那样的大金句,在这儿都显得不值一提。

难道,这就是洞庭湖和岳阳楼的全部奥秘?

当然不是。

小船划过长长的水路,越来越接近大殿尽头。

他看见了,在那团昏暗的云雾后面,坐在乌黑大椅上的老者,正对着他招手微笑。老者头顶,是一面巨大的匾额——

诗祖。

这个老者,就是屈原。

07

水面波涛翻滚,大殿风云变幻。

范仲淹的思绪,回到遥远的战国时代。

屈原神情黯然,骨瘦如柴,走在洞庭湖的一条支流岸边,这条江叫汨罗江。

那是屈原人生最暗淡的时刻。

他永远爱国,永远热泪盈眶。可是楚怀王、楚顷襄王两代君主都听信谗言,屈原终被流放。楚国灭亡的消息传来,他就在汨罗江抱石自沉。

屈原死了,诗歌活了。

"路曼曼其修远兮,吾将上下而求索。"

屈原运一口"悬日月"的真气,大笔纵横飞舞,"唰唰"几下,就给后世的文人开辟了几条出路。

"长太息以掩涕兮,哀民生之多艰。"

这条路叫人民大道,走在上面的有张九龄,有陈子昂,有杜甫、颜真卿、韩愈、白居易、范仲淹、岳飞、文天祥……

"举世皆浊我独清,众人皆醉我独醒。"

这条叫孤独西路,走在路上的有李白,有刘禹锡、苏轼、陆游、辛弃疾……

"沧浪之水清兮,可以濯我缨,沧浪之水浊兮,可以濯我足。"

这条叫隐士胡同,在里面穿梭的,有陶渊明,有王维,有孟浩然、柳宗元、张志和、马致远、杨慎……

"满堂兮美人，忽独与余目成。"

这条叫情人街，走在上面的有杜牧、李商隐、温庭筠，有大晏小晏、元好问、曹雪芹……

"鸟飞返故乡兮，狐死必首丘。"

这条叫思乡大道，全年二十四小时堵车，每个人都走过。

当然，还有那句："沅有芷兮醴有兰，思公子兮未敢言。荒忽兮远望，观流水兮潺湲。"

这是浪漫的诗歌之路，明代诗论家胡应麟给出一个逆天评价："唐人绝句千万，不能出此范围，亦不能入此阃（kǔn）域。"

意思是：唐朝厉害的诗那么多，都跳不出这个圈子，也达不到这个境界。

知道屈原有多厉害了吧。

离骚，是离别的忧伤。在中国文化里，没有被命运蹂躏过、没有把屈原头像设为屏保的文人，不足以聊诗歌。

北宋庆历六年（1046年）的九月十五日，范仲淹终于交稿。《岳阳楼记》带着洞庭湖的大气压，横空出世。

我自从初中三年级会背之后，到现在都没忘，不是我记性好，而是已变成舌头记忆，忘不掉。

当时觉得它的名句是"先天下之忧而忧，后天下之乐而乐"，现在长大了，更喜欢琢磨最后一句：

"噫！微斯人，吾谁与归？"

08

屈原之前,中国的诗歌殿堂里只有孤单的《诗经》;以《离骚》为扛把子的楚辞成熟后,人们发现,《诗经》里的《国风》与《离骚》可以双剑合璧,于是有了一个风骚的名字,叫"风骚"。

夸一人有才,叫"独领风骚"。说一个人弱鸡,叫"稍逊风骚"。

这就是屈原的咖位。不管你是诗仙、诗圣,诗佛、诗魔、诗囚、诗鬼,都是我诗祖的信徒。

要是你还不明白屈原有多厉害,我只能祭出汨罗江殇学院的校歌了。

那是众信徒对诗祖由衷的膜拜。预备——唱:

> 你是电,你是光
> 你是唯一的神话
> 我只爱你
> You are my super star
> 你主宰,我崇拜
> 没有更好的办法
> 只能爱你
> You are my super star
> ……

参考书目

《唐诗杂论》，闻一多著，万卷出版公司，2015年7月。
《道教徒的诗人李白及其痛苦》，李长之著，北京出版社，2018年4月。
《杜甫传》，冯至著，人民文学出版社，1980年3月。
《忠魂正气——颜真卿传》，权海帆著，作家出版社，2014年7月。
《人间最美是清秋——王维传》，毕宝魁著，现代出版社，2017年1月。
《高适岑参诗选评》，陈铁民著，上海古籍出版社，2018年7月。
《叶嘉莹说初盛唐诗》，叶嘉莹，中华书局，2018年9月。
《杜甫诗选》，莫砺峰、童强撰，商务印书馆，2018年4月。
《碧霄一鹤——刘禹锡传》，程韬光著，作家出版社，2015年8月。
《唐诗小札》，刘逸生著，中国青年出版社，2016年10月。
《诗剑风流——杜牧传》，张锐强著，作家出版社，2015年9月。
《唐诗百话》，施蛰存著，上海人民出版社，2019年8月。
《花间词祖——温庭筠传》，李金山著，作家出版社，2016年10月。
《大唐鬼才——李贺传》，孟红梅著，作家出版社，2015年2月。
《锦瑟哀弦——李商隐传》，董乃斌著，作家出版社，2015年9月。
《辛弃疾传 辛稼轩年谱》，邓广铭著，生活·读书·新知三联书店，2017年3月。
《苏东坡传》，林语堂著，湖南文艺出版社，2018年1月。
《陆游传》，朱东润著，山西人民出版社，2018年3月。
《李商隐诗歌集解》，刘学锴、余恕诚著，中华书局，2004年11月。
《唐才子传》，元·辛文房著，北京联合出版公司，2017年7月。
《资治通鉴》，宋·司马光编著，中华书局，2018年12月。
《李清照与赵明诚》，诸葛忆兵著，中华书局，2004年4月。
《分类两宋绝妙好词》，喻朝刚、周航主编，生活·读书·新知三联书店，2019年1月。
《康震讲李清照》，康震著，中华书局，2018年1月。
《六神磊磊读唐诗》，王晓磊著，北京十月文艺出版社，2017年7月。

©中南博集天卷文化传媒有限公司。本书版权受法律保护。未经权利人许可，任何人不得以任何方式使用本书包括正文、插图、封面、版式等任何部分内容，违者将受到法律制裁。

图书在版编目（CIP）数据

鲜衣怒马少年时：唐宋诗人的诗酒江湖／少年怒马著．—长沙：湖南文艺出版社，2020.2（2025.4 重印）
ISBN 978-7-5404-9365-3

Ⅰ.①鲜… Ⅱ.①少… Ⅲ.①诗人－人物研究－中国－唐宋时期②唐诗－诗歌欣赏③宋词－诗歌欣赏 Ⅳ.①K825.6②I207.2

中国版本图书馆 CIP 数据核字（2019）第 249669 号

上架建议：文学·畅销

XIANYI-NUMA SHAONIAN SHI: TANGSONG SHIREN DE SHI JIU JIANGHU
鲜衣怒马少年时：唐宋诗人的诗酒江湖

作　　者：	少年怒马
出 版 人：	陈新文
责任编辑：	薛　健　刘诗哲
监　　制：	于向勇
策划编辑：	楚　静
营销编辑：	王　凤
封面设计：	利　锐
版式设计：	李　洁
封面主图：	蓝雯轩
书名题字：	郑秋琳
出　　版：	湖南文艺出版社
	（长沙市雨花区东二环一段 508 号　邮编：410014）
网　　址：	www.hnwy.net
印　　刷：	三河市中晟雅豪印务有限公司
经　　销：	新华书店
开　　本：	875mm×1230mm　1/32
字　　数：	360 千字
印　　张：	11
版　　次：	2020 年 2 月第 1 版
印　　次：	2025 年 4 月第 13 次印刷
书　　号：	ISBN 978-7-5404-9365-3
定　　价：	49.00 元

若有质量问题，请致电质量监督电话：010-59096394
团购电话：010-59320018